对话青年 · 坚守的力量

30名留学青年圆梦求学路

周成刚　孙涛

/主编/

BEYOND
OVERSEAS
STUDYING

人民东方出版传媒
东方出版社

图书在版编目（CIP）数据

对话青年·坚守的力量：30名留学青年圆梦求学路 / 周成刚，孙涛主编.
—北京：东方出版社，2021.7
ISBN 978-7-5207-2162-2

Ⅰ.①对… Ⅱ.①周… ②孙… Ⅲ.①留学生 – 访问记 – 中国 – 现代 Ⅳ.①K828.4

中国版本图书馆CIP数据核字（2021）第081039号

对话青年·坚守的力量：30名留学青年圆梦求学路
（DUIHUA QINGNIAN JIANSHOU DE LILIANG SANSHI MING LIUXUE QINGNIAN
YUANMENG QIUXUE LU）

主　　编：周成刚　孙　涛
策划编辑：鲁艳芳　刘晓丽
责任编辑：张洪雪
出　　版：東方出版社
发　　行：人民东方出版传媒有限公司
地　　址：北京市西城区北三环中路6号
邮政编码：100028
印　　刷：天津图文方嘉印刷有限公司
版　　次：2021年7月第1版
印　　次：2021年7月北京第1次印刷
开　　本：710毫米×1000毫米　1/16
印　　张：14.5
字　　数：198千字
书　　号：ISBN 978-7-5207-2162-2
定　　价：59.80元
发行电话：（010）85924663　85924644　85924641

编委会

主　编：周成刚　孙　涛

策　划：（以姓氏笔画为序）

　　　　孙　涛　俞仲秋　江思远　李　浚

编　辑：李　飒　刘希玥　杨　萌　陈玉兰

　　　　张荷丝

为什么越来越多的人渴望接受国际教育？

新东方教育科技集团 CEO　周成刚

国际教育并没有一个现成的明确定义，中国本土教育体制外的教育都可谓国际教育。反之，中国的教育对别国而言也是国际教育的一部分。我们这里主要讨论中国大陆教育体制外的教育，涉及线上线下、大学教育、中小学教育、中国大陆的国际学校和

国际合作办学等形式的教育实践。

各有所长的国际教育

首先从地域上讲，人们关注最多的国际教育往往包括北美的美国和加拿大，欧洲的英国、法国、德国、意大利和芬兰，大洋洲的澳大利亚和新西兰以及亚洲的日本、韩国和新加坡等教育强国。这些国家要么是因为教育事业发达，要么是因为学生出类拔萃，要么是因为教育的不断改革和创新而成为人们热议和追捧的对象。更重要的是，他们至少在当下代表着面向未来的世界级教育。

就教育体制而言，这些国家的教育也不尽相同，各有千秋，既有相互间的学习和借鉴，又有传承和创新。欧洲的不少国家至今坚持奉行普惠大众的教育理念，坚持公平的教育机会。英国的教育更加注重社会精英的培养。北美尤其是美国的教育爆发出了惊人的创新力和多元性。澳大利亚和新西兰等国，立足本土，放眼世界，注重因地制宜，整合资源，展现出了高效和活力四射的教育成果。亚洲的一些发达国家则坚持东西结合，既发扬自己的文化优势，又引进融合西方的教育精髓，近年的教育成果和学生在各种大赛中的表现让人刮目相看。

主流国际教育的课程体系

从体系方面来说，主流的国际教育体系大致包含 A-level 课程、IB 课程、AP 课程等；从内容方面来说，有 STEM 课程等。

A-level 是英国本土高中课程，包含文科、商科、经济、语言、理科等 70 多门课程，同学们可根据自己的实际情况选择 3~4

门学习。

IB 是国际文凭组织 IBO（International Baccalaureate Organization）为全球学生开设的从幼儿园到大学预科的课程，它追求不同科目间的融会贯通，难度也更高。选择 IB 课程的学生除了要参与多项专业课学习，还要完成论文、参加社会活动，其与通识教育的理念十分相似。

AP 即"大学先修课程"，目的是为高中生提供一个提前接触大学基础课程的机会。目前在美国已有超过 15000 所高中开设 AP，包含 22 个门类、37 个学科。

STEM 课程是科学（Science）、技术（Technology）、工程（Engineering）、数学（Mathematics）四门学科英文首字母的缩写。STEM 课程更加注重学生专业技能与综合素养的拓展，可以看作通识教育的升级版。

优质国际教育形式的特点

从学习形式上来看，优质的国际教育在教学过程中更加注重开放式和启发式教学，重视激发和保护学生兴趣，提升学生的学习力。它们鼓励学生自主探索问题并寻找答案，在情景式教学中逐步培养学生的创新性思维和批判性思维，同时也很注重因材施教和个性化教学，在考试形式上更加灵活多样，不以单一的考试结果为导向。学生们从小接受这种教学形式的熏陶，在中小学阶段就开始探索自己的兴趣，并逐渐明晰未来的职业发展方向。到了大学，高校为学生提供各领域大量的选修课，学生的兴趣爱好也能得到持续发展，为终身学习打下基础。

现代教育理念的形成和完善

大学是高等教育的标杆，也是社会进步的驱动力。意大利的博洛尼亚大学诞生至今已将近10个世纪，教育思想薪火相传，即使遭遇过各种阻挠，也从未停止过科学实验和对真理的探索。1810年成立的德国洪堡大学继往开来，从办学之初就确定了教学与科研相结合，全面实施人文教育的办学宗旨。洪堡精神成为现代大学的精神之源。德国柏林洪堡大学所倡导的学术和教学自由，以及教学与学术研究相统一的原则，对欧洲、北美以及世界各地的大学发展都产生了深远的影响。

美国就是率先学习和借鉴德国现代教育理念的国家之一，这一理念在新大陆得到进一步完善和改良。美国教育家德里克·博克认为，美国的高等教育具有四大特征：

（1）多元化的教育机构，满足社会各种需求。

（2）政府干预少，自治程度高。

（3）筹资渠道多，顶尖院校资金充足。

（4）无处不在的激烈竞争，活力四射。

这种显而易见的强大优势成为美国高等教育领先世界的助推器。

两百年过去了，德国柏林洪堡大学的办学理念也直接影响了世界各地中小学的办学思想。今天，面对未来世界的许多不确定性，各国的中小学教育又与时俱进，推陈出新，教育理念和实践得以进一步完善。许多教育工作者意识到，没有什么万全之策可以应对崭新的知识经济和创新经济带来的挑战，因而一个全新的国际化的教育理念市场应运而生，针对这种教育实践的评价体系也接踵而来。

今天，全球有三项主要的国际评估项目，它们会定期对世界各地学生的阅读、数学及科学知识的掌握水平进行检测。

（1）国际数学与科学趋势测评（TIMSS）是一项针对四年级、八年级及十二年级的学生进行的科学知识测试项目。

（2）国际阅读素养进步研究（PIRLS）是一项针对四年级学生进行的阅读素养测试的评估项目，由国际教育成就评价协会发起。

（3）国际学生评估项目（PISA）由经合组织发起，每三年进行一次，针对15岁青少年进行数学、科学和阅读水平的测试。

我在这里以加拿大多伦多郊区一所私立学校爱普比学院（7~12年级）的课程为例，帮助我们管中窥豹，理解那些优秀的中学所贯彻的教育实践。爱普比学院的学术课程包含一整套严谨的大学预备课程。除了OSSD（加拿大安大略省高中毕业证）的基本要求外，爱普比学校毕业文凭有着更加严格的学术要求。学院提供15门AP课程，包括艺术史、微积分、统计学和世界史等；20种体育运动，从有氧体操到高尔夫到武术应有尽有；另外，从人权到环境再到辩论俱乐部、模拟联合国、学生政府，到摄影到瑜伽，五花八门的社团活动进一步拓展学生的眼界和能力；艺术和媒体课程包含室内乐、合唱团、舞蹈、摇滚乐、吉他、爵士乐等17门课程。不难看出，每个学生在上面的课程中都可以找到个性发挥的平台，做到真正的因材施教。

为什么要接受国际教育

先进的教育形式一定是与时俱进、不断创新的，在不断革新中跟上时代的步伐，为学生们赋能加油，教育国人，富强国家。

作为一个建国仅仅几十年的国家，新加坡仅用两代人的时间就从第三世界国家一跃进入第一世界的行列。这个岛国除了人几乎一无所有，政府将人才视为其最珍贵的财富，对他们的教育关注也从未放松过。新加坡引入"分流制度"，设立三种不同类型的中学，即致力于冲击顶尖大学的初级学院，更加注重专业分类教学的理工学院，以及着重于职业和技能培训的工艺教育学院，以做到人尽其才，各取所需。

恪守英才教育，高标准、严要求的课程和评估体系，高素质的教师，全球化和未来化等一系列措施，成为新加坡教育成功的重要因素。新加坡一直根据自身经济条件的变化来保持教育的动态性和开放性，和世界发展同频共振。

接受国际教育并不是简单的出国留学，就像一个人的时髦也不等于穿几件潮牌服装一样。它更是学习形式、内容、评估方法的改变，以及思维方式和眼光格局的培养。从这个意义上讲，任何先进的教育理念、有效的教育实践、被更多学生接受并热爱的教育内容和形式都是值得我们学习与借鉴的国际教育。

美国前总统巴拉克·奥巴马曾经说过："在21世纪的世界里，网络在哪里，工作的机会就会被运送到哪里。在这个世纪里，出生在达拉斯的孩子和出生在新德里的孩子进行竞争；在这个世纪里，最好的职业资质并不是你做什么工作，而是你懂得什么。教育不再仅仅是通向成功的一条途径，而是成功的先决条件。"

全球疫情下国际教育等待复苏

2020年对于大部分留学生而言，都是充满艰辛的一年。全球疫情打乱了很多中国家庭的留学计划，要不要出国留学、去哪里留学，是准留学生及其家长面临的艰难选择。

一部分人改变了留学计划，但大多数人还在观望，没有彻底放弃留学这条路。

新冠疫情阻碍了一部分留学生出国学习，不少学生选择了"推迟入学"或者以上网课的形式在国内留学。不能亲自到留学国家上课、体验，对留学生而言是一种遗憾。因为留学不仅仅是上几门课、读几本书，真正的留学或者说国际教育，是要去生活、去体验、去触摸、去感知、去领悟的，只有全身心地沉浸其中，学生才可以将其真正内化为自身的一部分。

但同时，我们也不能因此全盘否定"在线留学"，这一形式给很多在职人士带来了更多可能。现在，有些人白天上班、晚上利用时差上网课留学，他们既没有放弃工作，又能同时读国外高校的研究生。此外，还有部分学生白天到公司实习，晚上在线上课。

疫情对留学的影响一定是短暂的，虽然过程中会碰到一些坎坷，但总体而言，全球化的趋势无法阻挡。留学生们将来还会走出国门，到世界各国交流，学习和借鉴先进经验。世界的发展，就是在国与国的互动中完成的。

25年前，我作为留学生踏出国门，到澳大利亚接受教育。身处国际化的环境中，我会不由自主地把自己放到全球化更广阔的世界中去思考、去探索，思想、境界、事业、格局（包括世界观）都在不经意间发生着变化。

我很羡慕现在的青年，因为优质的国际化教育不一定要花大价钱出国才能感受到。事实上，中国有不少公办学校也开放了模拟联合国等各类国际交流项目，为学生提供接受国际教育的好机会。更重要的是，近些年，互联网正在把世界变得越来越"近"，大量知名大学把课程放到网上，免费提供给公众，只需要一根网线、一台电脑，国际化教育便唾手可得。而学生需要的是内心的驱动力，同国际接轨、与时代共振。

　　我也很欣喜地看到，越来越多接受国际化教育的学生回到中国，站在多元的文化背景下，以全球化的眼光审视中国的发展，为国家贡献自己的力量。他们了解中国的文化，掌握中国的语言，理解这个国家的运作制度，再去学习西方的知识，理解对方的制度体系，这就是知己知彼的"跨界"人才。这种人才在未来的国际舞台上，将会绽放光彩。

目 录

CHAPTER 1
海外在读留学生

CHAPTER 2

暂时在国内上网课的留学生

CHAPTER 3

即将入学的留学生

CHAPTER 1

海外在读留学生

BEYOND
OVERSEAS
STUDYING

冯海旻：
医学之路道阻且长，做真正的跋涉者

　　医为仁人之术，必具仁人之心。骨子里透露出的对医学的执着与热爱，宛如吹动生命的暖风，这是和冯海旻初次接触后的感受。

冯海旻在九州大学分子实验室

目前正在九州大学攻读医学博士学位的他，来到日本已有三年多的时间，无论是举手投足还是言语用词，都无不体现出日本留学带给他的深刻影响——严谨、细致、认真。

立志学医，目标明确

在高中阶段，冯海旻就表现出了化学和生物领域的天赋，于是在高考后报考了临床医学专业并以优异的成绩被武汉大学录取。

和很多本硕连读的医学生不同，冯海旻一早就确定了毕业后出国深造的想法，目的地是同为亚洲、地缘相近的日本。根据规定，中国医学本科5年制的学生毕业后可以直接赴日攻读医学博士学位，相比国内6年的硕博连读，日本只需要4年就能拿到博士学位，大大节省了时间成本。

此外，在日本旅游时，这个近邻给他留下了深刻印象。"50年要拿30个诺贝尔奖"的豪情壮志以及"平均1年1个诺贝尔奖"的绝对实力，都是他钟情日本的重要原因。日本政府对基础研究长期稳定的支持、对培养年轻科研人才的重视，使得其国内至今已诞生了27位诺贝尔奖获得者，医学领域相比欧美国家毫不逊色，走在世界前列。

由于当地居民常常食用咸鱼、腌菜等高盐类食物，所以日本曾是胃癌最高发的国家之一，这也得到了政府和医学界的特别关注。如今在胃癌治疗领域中，早发现、早诊断、早治疗的诊疗政策让日本的胃癌治愈率高达80%以上，这也使其成为世界胃肠外科的引领者。对于冯海旻这样主攻外科方向的医学生而言，消化系统是日常学习和实验中最常接触的人体构造，日本留学为他创造了极好的学习条件。经过和导师的沟通，他选择了科室最擅长的方向"胰腺癌的早期诊断与治疗"作为自己的研究计划。"这里有一种催人向上的感觉，学习、科研氛围特别浓厚。"冯海旻表示。

严谨求实，孜孜前行

"作育英才，人才辈出"的九州大学，是位于日本福冈县的一所顶尖研究型综合国立大学，也是日本九州地区的最高学府，创立于 1903 年，已有百年历史，在多个研究领域位居世界一流。学校历来拥有严谨的学风，鼓励倡导国际化，对中国学生亲和友善。冯海旻研究的领域是肿瘤，和多数人想象中外科医生是在医院接诊或者在手术室里开刀的临床工作不同，他更多的时间是泡在实验室里培育细胞、做实验、统计数据。医学相关的很多诊断手段及治疗方法，都是在一次次的猜测和实验中逐步得到确认和应用的，而这个验证的过程可能动辄几十年。不得不说，学医是一个需要静下心来的过程，不能急躁，更不能马虎。

发达的日本医学也得益于"数据传承"的制度。九州大学医学部自 1980 年以来，凡是在科室诊疗过的病人，他们的手术记录、治疗方案、病理切片标本、随访和预后数据，都保存得十分完整。冯海旻说，医学生在进行实验时，完全可以运用前辈留下来的数据库作为自己的参考；而一代又一代的后辈则会将自己经由实验和接诊病人得到的数据，持续不断地整理和传递下去，以供学生后辈研究利用。

在医学实验的操作中，一般的实验方法都是由前辈带领后辈进行，导师则负责课题指导。所有的时间都由学生自己安排，比如在忙碌的考试后，学生完全可以给自己腾出一些时间做感兴趣的事情。冯海旻说，这种自由也让他养成了一个做"手账"的习惯。"手账文化"在日本很流行，男女老少都将其作为日程管理笔记本，可以随时随地拿出来确认一下内容或者添加一些行程，是非常有效的时间管理工具。冯海旻依靠手账，将自己的留学生活打理得有条不紊。

谈到中日学生的不同之处，冯海旻感触最深的就是日本学生的睡眠时间非常少，他们不仅没有午休的习惯，每天晚上也基本只会睡 4 ~ 5 个小时。除了忙碌的学习外，他们还会在课余时间参与各类社团活动、打工兼职赚取生活费，每天都过得相当充实。

即便如此，医学生的生存环境依然比较残酷。据冯海旻介绍，医学生只要有一门课挂科，就需要留级一年。因此，学生们会用"浪人"这样的词汇形容不得不再读一年的"曾经的同学"。"不过这样的留级并不丢人，日本人会觉得又多了一年的时间反思自己为什么没有好好努力，并在新的一年里重新振作起来，规划好学习和娱乐，打好扎实的基础，这样成功毕业后才是真正合格的人才。"日本学术严谨的特点在此体现得淋漓尽致。

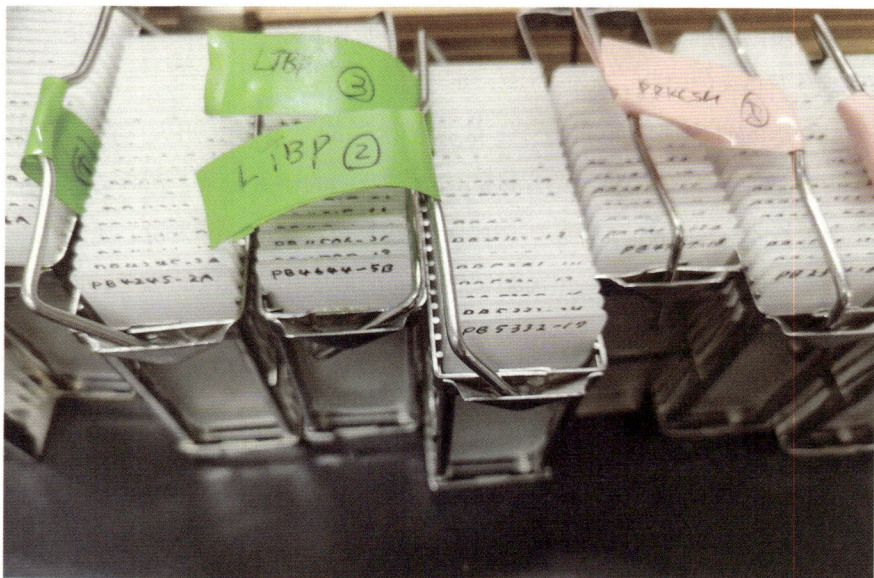

冯海旻的医学实验，同时对100例病人的切片进行抗体染色

加入剑道，心身两修

日本是一个很有组织性的国家，学校的社团文化十分火热。受动漫文

化的影响，冯海旻一入学就加入了学校的剑道部。剑道是传统的竞技性器械武术，不仅重视理论，更重视实践，只有长期练习的积累，才能有技术的进步，成功带来的喜悦和自信会成为挑战更高目标的力量，反复练习下去，就能得到精进。九州大学剑道部每周有三次固定的练习，为了帮助成员进步，他们还会不定时邀请已"引退"的前辈前来指导、分析丢分原因，这些前辈也会为后辈提供比赛、差旅方面的经费，帮助社团良好运转。也正是由于在剑道上的练习，几年下来，冯海旻自嘲自己从留学前的文弱书生练成了一个左文右武的儒将。

冯海旻在练习挥剑

在日本留学还有一个不同之处就是需要掌握两门外语：日语用于日常生活交流，更注重说和听；英语则用在学术研究、论文撰写等方面，需加强读和写。从大三开始备考的冯海旻，通过课程和自学，外加日本综艺的"辅助"，用了一年半的时间取得了日语N1的好成绩，同时也以95分的成绩顺利通过了托福考试。双管齐下地学习语言非常辛苦，因此他也给想来日本留学的同学建议，语言这关一定要提前规划安排，留出时间认真攻克。"会日语的人，不一定会英语；会英语的人，不一定会日语；日语、英语都会的，不一定懂医学术语。而同时懂这三者是我们的优势。"冯海旻如是说。

实践和成绩是两码事，再高的语言分数，在陌生的国家刚开始运用时也都会有难度。加入剑道部正是一个语言学习的好机会。通过每周二固定的社团聚会——一起去居酒屋畅饮，冯海旻结交了很多当地朋友，慢慢地适应了日本的语境。日本人的等级观念根深蒂固，日语中有一个独特的部分——敬语，通常是晚辈对长辈、下级对上级或年轻人对年长者说话时使用。曾有一位社团新人和冯海旻说了一句简单话，很快就被旁边的前辈斥责，让他向冯海旻道歉，原因就是没有对前辈使用敬语，尽管这位前辈是外国人。在他看来，这既是日本人礼貌周到的优势，也是其略显古板的不足。在这点上，中国同学就显得更加灵活和游刃有余。

疫情下的日本留学生活

2020年1月，冯海旻回国与家人共度春节，作为武汉人的他在此后的两个多月里经历了从封城到解禁的全过程。疫情下日本曾经一度禁止留学生入境，直到6月逐步平复后他才从上海周转回日。日本的防疫工作做得非常积极，政府推出政策引导员工居家办公、学生在家学习，减少不必要的外出，也暂停或推迟了体育、文化等大型活动的举办，其中影响最大的莫过于东京奥运会的推迟。由于日本人擅长自我约束，人们基本都会遵从规则戴好口罩，保持社交距离，注重个人卫生。物资充足，也没有出现抢购或者断货的恐慌局面。

凌晨三点的九州大学病院医局办公楼

冯海旻所在科室的实验室实行预约制，每个时间段都会提前规划好由谁来使用，避免扎堆，以保障学生的安全。临近毕业，为了尽可能多地进行操作，冯海旻选择了半夜无人的时候使用实验室，凌晨做完实验后再回宿舍休息，尽管昼夜颠倒，但他觉得博士生涯临近尾声，踢好"临门一脚"尤为关键。

眼看留学生涯即将收官，冯海旻打算毕业后回国发展，进行博士后研究。"学医是一件很有自豪感的事情，这条路还很长，未来我想成为一名优秀的外科医师。"留学为冯海旻打开了一个新世界，让他接触到了形态各异的生命，他坚信，在日本的留学经历一定可以成为"铠甲"，凭着对新事物的尝试和面对自己的勇气，他想要的未来也会越来越清晰。

关于留学的一些建议

作为旅日多年的"留学生前辈"，冯海旻深知现在的学弟学妹们面对不确定的国际形势会有很多的迷茫，他结合自己的经验提出了一些小建议。

一、合理规划自己的人生。疫情有两面性，既是危机也是转机。从本质上来说，疫情并不会阻挡追求美好的步伐。如果你未来想进一步深造，留学无论何时都是一个不错的选择，它能帮助你打开更大的视野。尤其对于医学生来说，医学之路道阻且长，需要不断上下求索。

二、语言真的很重要。对于日本这样的国家，日语和英语同等重要，一定要预留出充足的时间来准备和提升。分数只是一个数字，语言上真正的融会贯通还需要多用、多说，不怕犯错。

三、认真做小事就是尊重他人。从日本同学身上看到了极致的严谨和认真，哪怕是传递一个简单的文件，他们也会考虑接收人的感受，把文件分门别类地装订好，正面朝上，套上封皮，每个文件都贴好便签，方便阅读和了解。这看起来似乎有些"钻牛角尖"，然而举手投足之间这样细腻、周到的表现，会显示出你是一个注重细节、毫不马虎的人，相信别人一定会感觉到你对他的尊重。这种靠谱且尊重他人的形象，也会是一个人行走社会时的加分项。

四、合理规划留学日程。精心的准备，让冯海旻有充足的时间来准备公费生的选拔，并成功拿到了国家公费奖学金。他表示，同学们也可以通过这样的渠道，为家庭减轻经济上的负担，降低留学成本。

徐清怡：
跳出一方井，从留学德国开始拥抱广阔天地

　　如果前方全是坦途，一眼望到头的人生是否还有动力为梦想飞奔？2016 年，还在浙江财经大学读会计专业的徐清怡，一心想要从一团死水般的生活中跳脱出来。很难想象，自信爽朗的她也曾有失意低落的过往。

不甘平庸，选择逃离

在浙江财经大学读书期间，徐清怡发现，身边的同学基本都是省内的人，大家的家庭背景差不多，跟自己一样，很多人选择这个专业也并非出于自己的意愿，而是承载着父母的希望。大家毕业后的就业方向基本都是本地的财政财税系统或者银行。这种提前写好剧本的人生似乎缺少了太多精彩的未知，这不是她想要的未来。

正好此时有一个到中国台湾世新大学交换的机会，于是她毫不犹豫地选择到台湾学习传播管理。回想起这段历程，她笑称，有时候不经意间的一个选择真的会改变一生。

世新大学的校训是"德智兼修，手脑并用"，并且会将校训的精髓深深融入教学当中。传播管理学是世新大学最顶尖的专业，经常有台湾传媒界的知名人士来讲课，比如方文山、南拳妈妈、蔡康永、黄子佼。也正是在他们的思想表达中，徐清怡第一次发现，原来这个世界上有这么多不一样的人；原来当思想插上翅膀，连灵魂都会开始闪光。

在世新大学读书期间，她发现身边的很多同学都清楚地知道自己想要什么，他们的梦想各不相同，却都在为实现梦想而努力。有些想成为"网红"、想当记者的同学，在校期间已经开始运营自媒体，并且做得有声有色。而且学校也会竭尽所能为学生提供学习资源，像传媒专业，大一的学生就可以尝试自己拍电影，学校会无偿提供所有设备，还会提供与政届、媒体界名人访谈的机会。

这一次交换彻底转变了徐清怡的想法，在她人生的前 20 年里，留学这件事似乎离她很遥远，去台湾之前，她觉得生活可以苟且，但是见识过不同思想的宽度之后，她坚定了出国求学的决心，决定握紧命运的绳索。

申请留学，圆梦德国

从台湾回来后，徐清怡开始着手准备出国留学的相关事宜，此时她已经大三，从时间规划上来看似乎有些晚，而且她的英语成绩一向是短板。不过时间从不亏待努力追求梦想的人，在阅读大量英文文章，收听、收看英文类节目的过程中，她的词汇量和语感得到很好的提升。有趣的是，在准备期间，她认识了两位正在浙江大学交换学习的留学生，一位来自奥地利，另一位则来自德国，成为朋友后，他们成了徐清怡学习英语的伙伴，很大程度上锻炼了她的语言交际能力。

徐清怡与两位外国小伙伴一起参加杭州彩虹跑

在认识这两位外国友人之前，徐清怡的留学名单里从来没有德国，然而通过他们的描述，她突然对德国产生了好奇，很想去这个国家看看。并且经过了解她还发现，德国的教育体系完善，经济相对发达，工作机会多，更重要的是可以免学费。跟我国香港、英国的一年制学制相比，德国的硕士为两年制，这也为留学生提供了更长的适应时间，就读期间还可以实习和工读，毕业后提供工作签证，非常符合徐清怡的申请需求。

申请的过程虽历经波折，却又好像是冥冥之中的注定。在提交申请材料的过程中，由于台湾的一份成绩单没有公证，德国校方驳回说，没有公证就不能计入申请成绩当中。她只能紧急委托台湾的朋友帮忙，最终在截止申请日期的前一天完成全部的材料提交，有惊无险。

2017 年，APS（留德人员审核部）面审通过后，徐清怡起身前往德国海德堡学习德语，不过学习到 B1 级的时候，因为要回国进行毕业论文答辩，所以没有拿到硕士入学需要的德语成绩，最终她决定选择英德双授的霍姆海恩大学（申请时不需要提供德语成绩）。

这期间虽然也经历过在海德堡学语言时难熬的黑暗时光，但是面对全新的开始，徐清怡感觉自己就像一只渴望远行的帆，正奔向广阔无垠的大海……

节奏缓慢，治学严谨

一提到"德国"，很多人第一印象中会跳出"古板""严谨""一丝不苟"等词，去德国之前，徐清怡也是这样认为的。不过真正踏上那片土地之后，她发现，在这些标签之外，德国还有另外一面。不论是行走在路上手夹报纸的行人，还是街头树上停留的鸽子，每一帧画面都宁静而有序，这里的时间仿佛是涓涓细流，带着这个国度独有的节奏。

徐清怡提到，在德国读硕士的这两年间，她学到的东西比之前大学四年所学的都多。除去知识，最重要的是学习态度，不论是教授还是学生，大家对待学问都是严肃而认真的。德国有很多研究生是有工作经验的人，他们选择在工作几年后再次回到校园，以全身心投入学术研究当中，而并非仅为一纸文凭。教授多是一生钻研某一领域，因此在学术传授和知识剖析方面见解独到。在课程设置上，德国研究生的课程倾向"专而精"，只要选定深造的方向，其他不相关的课程可以不选择。

在考核方式上，德国也不尽相同。徐清怡提到，从到德国后的第二个学期开始，授课形式就以研讨会为主，上完研讨会后，每个人或每个小组要各自去寻找论点，单独成文或合作成文，只要论点足够充分，能够证明自己的观点，就是正确的。不过合作成文也会有一定的风险，需要每个组员都认真且坦诚。

在德国，抄袭是一件非常严重的事情。徐清怡提到，他们学校曾经有一个小组，在合作写论文的过程中，其中一个人抄袭被发现，导致整个小组遭到严重警告，并被告知如果不能在截止日期之前提交一篇不含任何抄袭成分的文章的话，就会开除整个小组成员的德国学籍。德国对学术的严谨态度可见一斑。

趣味实习，直面挑战

不过，这种学术上的严谨态度映射到个人，往往会产生一种反差萌。徐清怡的第一份实习工作，是给自己的教授当学生助理，这位教授的研究跟中国联系很紧密。有一次，教授准备召开一个跟中国电动汽车供电电池相关的研讨会。在录制的预告视频里，教授放了一只巨大的招财猫在旁边，严肃的学者与憨态可掬的招财猫相映成趣，居然毫不违和。

提到实习，徐清怡觉得最具挑战也是最难忘的一段实习经历是在埃贝赫集团（Eberspächer）期间的工作。当时她的德语还处于初级阶段，而部门开会时通常都是使用德语，中间会涉及很多专业术语，主管为了帮助她适应，就给她安排了一个专业性较弱的商业项目，经过一段时间的过渡，她的德语水平得到了很大提升。"印象中最有意思的是有段时间企业提倡内部创新，我们邀请研发部的老员工们一起来进行头脑风暴，这些老员工基本都是四五十岁的德国本地人，习惯了按部就班，突然提到创新，大家只能集体沉默。不过一直沉默也不太好，为了缓解尴尬，大家不停地吃会议室安排的小点心，最终这个头脑风暴会演变成了下午茶，现在想起来还是觉得很有趣。"提到这段实习经历，徐清怡忍不住笑了起来。

虽然对创新接受度不高，但德国人对工作的一丝不苟是认真到骨子里的，因而他们的工作效率很高。"刚到埃贝赫实习的时候，我感觉自己连打字都比别人要慢"，在她实习的几家公司里，大家基本上不加班，但工作时间每个人都全神贯注，一切全都围绕工作来进行，期间不会有类似看手机、抽烟等行为。

徐清怡还提到，德国大部分企业的员工福利都比较好，像埃贝赫，每周五有一个"happy hour"，大家会一起叫外卖，咖喱配可乐，音箱里放Rap，氛围很轻松。而她目前供职的这家语言学校，所提供的福利则是员工可以免费上所有的课程，是一个自我提升的好选择。

徐清怡与同事们共度"happy hour"

疫情影响，与爱同行

除了不断丰富的实习履历，徐清怡还利用业余时间在 B 站（哔哩哔哩）上担任 UP 主。起初是因为德国留学基金会招募志愿者，于是她就录制了一个视频，顺手放在 B 站上，没想到浏览量和评论量都很高，这给了她持续更新的动力。如今，在 B 站上，她的粉丝数已经超过了万人。

一切都在向着更好的方向发展，正当她准备申请提前毕业、大展宏图的时候，疫情暴发了。因为疫情，她不得不提前结束在法国的交换学习时间，回到德国上网课，已经谈好的博世集团实习合同也因此被取消。而且疫情还导致工作机会大大减少，国际方向的工作机会竞争激烈，她只好选择申请网上的远程实习。

情绪低落的日子，幸好有男友时刻陪伴。谈到这段爱情，徐清怡的语气中难掩甜蜜，她与男友是在霍姆海恩大学的新生前导课上认识的。那时候他在读博士，并担任课堂助教，从第一次对视开始，这场浪漫便有了源头。如今他们已经相伴一年多，谈到未来的规划，她说："我跟我男朋友会经常讨论共同的未来，我们有可能会继续留在德国，也有可能会选择其他国家，例如颇具情调的西班牙，这个国家我俩都很喜欢。"

不过未来究竟去哪里又有什么关系呢？对于徐清怡来说，顺应着心的方向，她已经触摸到一片蓝天，天地广阔，任尔翱翔，出国留学这段岁月教会她不断去尝试和改变，她已经蜕变成一株根系发达的植物，即使缺少雨露，也能茁壮生长！

关于留学的一些建议

留学这段经历让徐清怡收获颇多。回首自己的改变，她给出了一些关于留学的建议。

一、多去尝试，才能发现自己的潜能。她说，自己正是在不同的领域中不断尝试，确定了内心真正感兴趣的部分，才有动力持续不断地为之努力的，所以也建议准备出国留学的同学们多去了解，在这个过程中，你也许能够发现更适合自己的专业和未来职业发展方向。

二、申请出国的时候最好寻求专业人士帮助。因为没有找专业的留学中介，她差点错过自己的目标院校，所以她建议申请出国留学的同学最好寻求专业人士的帮助，那样可以少走很多弯路，而且节省时间。此外，专业人士相对来说更了解各院校之间的优势与差异，在择校的过程中也会更加直观。

马兆缨:
自律的人生更自由，善待时间才能收获更好的明天

      九月是一个收获的季节，对马兆缨来说，也是一个全新的开始。虽然抵达英国才一个多月，她却感觉无比适应，一切仿佛早已注定。"我每天走在街上都感觉很开心，感觉自己之前的所有努力都是值得的。"

擅长时间管理的工科"文艺"女青年

2020 年，马兆缨获得了剑桥大学、牛津大学、帝国理工学院、伦敦大学学院和爱丁堡大学五个英国顶尖大学的 Offer，其中 4 所为英国的 G5 超级精英大学。最终经过权衡，她选择了在专业项目方面更符合自己预期的牛津大学，就读材料化学专业。

"其实我最开始根本没准备申请牛津，我的目标一直是剑桥。"由于剑桥老师的课题组所分配的项目没有牛津吸引人，从专业兴趣角度考虑，她与牛津的缘分就此结下，"一切都是机缘巧合"。

知道自己想要什么，比埋头苦干更重要。从小，马兆缨就是一个目标明确的孩子。虽然自己学习的是工科专业，但姥爷却是一名作家，父母又都是文艺工作者，家庭氛围的熏陶让她从小就热爱阅读，尤其是喜欢历史、社会人文类的书籍。上初中后，她在这方面的涉猎更加广泛，瑰丽的欧美历史引起她浓烈的兴趣，在她心里种下了一颗向往的种子。从那时候起，她便有意识地为以后能够走出去看看不同的人文风景而努力。

她习惯做规划并且擅长做规划，在时间的安排上总能够做到见缝插针，这让她能够以高效快捷的方式完成规划中的所有事情。小学一二年级的时候，父母规定她每天放学后第一件事就要写作业，写完才能去做其他事情，注意力高度集中地去做一件事效率会很高，这个好习惯影响深远，让她至今仍然受益。

所有规划的实现都基于一颗理智而冷静的头脑，知道目标在哪里，才能摸清前行的路径。很难得的是，马兆缨不仅清楚自己想要成为什么样的人，而且还怀抱一个很纯粹的理想：为这个社会贡献自己的一点力量，尽自己所能去影响和改善人类的生存环境。这也是她选择材料化学专业的一个主要原因。

有意思的是，她最开始想选的专业却不是材料化学，而是环境工程，她希望未来从事这方面的工作，比如说去处理一些固体废料或废气，能够切实地为社会贡献自己的一份力量。不过在机缘巧合之下，她进入北京科技大学，并且寻找到挚爱的专业研究方向。

在很多人看来，马兆缨是一个典型的"别人家的孩子"，然而了解她的人都知道，成功从来不是偶然的。大学期间，她担任过四年的班级团支部书记，不仅要负责组织班级活动、代表班级参加各类答辩，还要帮助运营班级公众号以及管理各类日常琐事；同时她还是学校党委宣传中心广播台英语部的部长，负责英语广播节目的录制及相关部员的工作安排；一直到毕业前，她还担任着学校相声社团支书和社长的工作，每天忙碌而充实。

各项工作叠加在一起堪称繁重，但这并没有耽误学业；相反，她的各科成绩一直名列前茅，尤其是英语，也因此获得了多项荣誉及奖学金。能够做到这一点，正是归功于她高度自律的学习习惯。

"能约束自己的人，最有威信"

作为文艺家族中唯一的理工生，马兆缨在感性的同时更加理性，她成功地将统筹计算运用到实际生活中，并且用一路的成长轨迹来佐证这项计算的实用性。如何在有限的时间内同时完成多件事情，需要快速分析出每件事情所需花费的时间以及预期结果。她喜欢用最节约时间的方式把一天的事情都安排好，这样既高效又井然有序。

举一个生活中很平常的例子，她跟同学约好早上10:00去实验室，同时她还需要洗衣服，但把衣服放进洗衣房清洗需要40分钟，洗完还要及时拿出来晾晒，如果上午不同时做完，下午再去做，这个40分钟横亘在那里，会打乱整个下午的计划安排，浪费一下午的时间。所以她选择早上起床后立马把衣服送洗，然后返回洗漱吃饭，几件事情同时进行，避免浪费时间。

能够做到见缝插针地安排每天的时间，需要高度自律，这基于对自己非常严格的要求。马兆缨说，她不喜欢浪费时间，以前给自己安排好每个时间段该做的事情后，如果到了这个时间段没有去做，自己就会陷入深深的自责，在这种情绪的引导下，自己的学习习惯就会不断被规范和强化。不过她也提到，这种略带强迫症式的学习习惯也有弊端，精确到具体时间段的做法会让人焦虑。随着自己渐渐长大，她对时间安排的处理也更加成熟，不会再强制要求自己把事情安排到具体几点钟，而是会列清楚每天要做的事情，灵活进行。

塞涅卡曾说："能约束自己的人，最有威信。"一个自律的人，能够给自己的未来创造无限可能，自律才能实现真正的自由。刚到英国的时候，因为对学校的一些讲座比较好奇，马兆缨一周去听了三个讲座，通过这三个讲座，她发现有些内容超出自己的专业领域，比较难懂，或者自己并不感兴趣，而且一场讲座需要一个小时，如果没有经过任何思考就去参加，无疑是在浪费时间。这种结合实际不断完善行为的自我约束，大概就是她一路走来光环无数的关键原因。

不过出人意料的是，马兆缨的自律完全遵从本心，而非父母的严格要求。

宽松的家庭氛围，造就独立的个性

马兆缨的父母都是文艺工作者，平时工作很忙，除了小学阶段学习习惯的培养，他们对她的教育一直是持"放养"态度。她自我调侃说，知道她准备出国留学后，朋友的妈妈还会问她的 GPA 是多少，而自己的妈妈一度连 GPA 和 GRE 都分不清楚。正是这种宽松的家庭教育氛围，才养成了她独立的个性。"从小我就知道，我自己可以决定自己想做的事情，我可以决定自己的未来，所以我对自己的要求比较严格。"

父母向她传递的一直是正面积极的态度，不管她想做什么事情，父母都会鼓励她去尝试，然后告诉她做得很好，还有提升空间。正是这种一直很正向的鼓励与支持，给了她勇敢无畏、一往无前去闯荡的底气。包括这次出国留学，在告诉父母自己的决定前她就知道，父母一定会支持她并且鼓励她，而事实上也确实如此。

这种鼓励式教育有效保护了她的好奇心，同时也给了她各种尝试的勇气，所以她的兴趣爱好很广泛。游泳、跆拳道、各种球类运动，只要想去尝试，父母就会发自内心的支持，就算尝试之后不想再继续也没有关系。马兆缨提到，她从小就喜欢听相声，到了大学后，她发现学校里正好有一个相声社团，于是立马加入了。这四年来，相声社团带给她很多欢乐，更是她排解压力的好去处。作为相声社团团长，她带领团员们多次组织相声专场，还参加过京城高校相声联盟巡演，将相声的魅力传播得更广更远。

马兆缨与相声社团成员一起

因为父母都是工作很认真的人，耳濡目染中她也形成了目标坚定、努力拼搏的个性。她还说，父母对自己一向很放心，包括这次到英国，从出发到租房，都是她自己一个人独立完成，父母虽然担心，但也支持她自己去处理和面对。提到父母担心的地方，她说，除了担心她适不适应、吃不吃得惯、想不想家之外，他们更多的还是担心疫情对她的影响。

疫情下的英国留学生活

因为疫情，现在牛津大学采取线上＋线下混合教学模式，一些讲座和课程都在线上进行。实验室规定，最多可以 5 个人同时在里面，所以需要大家排期使用。不过马兆缨说，因为现在还有很多同学没有从他们的国家回来，所以他们的实验室几乎还跟以前一样，想去随时都可以去。

相对而言，英国的疫情防控做得比较到位，户外只有少数人不戴口罩，而进入室内，校方要求必须人人戴口罩，并且进门前要用酒精消毒的洗手液洗手。在类似移动营业厅这样的公众场合，大厅内会限制人数，大家都在门口排队，门内一般设有两个等位处，前一个等位的人离开后，会立即有工作人员把凳子移到一边，再更换一个新的消好毒的凳子，同时会给那些挪开的凳子及时消毒。

不同于疫情刚暴发时，现在英国不论是应对策略还是防疫物资的储备方面，做法都更成熟。马兆缨说，现在英国的防疫物资很好购买，在一些药店或药妆店就能买到，甚至在他们实验室的物资购买系统里也能买到，很方便。

说到学习，马兆缨说，学校把接下来几年里每个节点要做的事情以大纲的形式列出来了，因而学习目标很明确。而且，她现在更多的还是以理论知识为主，因此疫情对学习的影响并不太大。她还乐观地表示，因为疫情，她每天不必在特定时间出门，所以各项规划安排更灵活。

马兆缨的家乡在宁夏，在气候上跟多雨的英国形成可爱的反差，所以刚到英国时，每次去公园，看到那些很大很干净的草地，她都会感觉很新奇。走在街上，浓厚的历史气息扑面而来，会让人情不自禁地联想，或许两百年前也有人在这里驻足赏景，她和他们见证过同样的风景。奇幻的历史重叠感会让人的内心同时感受到伟大与渺小，这大概就是英国独一无二的魅力所在吧！而这种感觉，也许只有真正行走其中才能切身体会。

富有历史底蕴的伦敦风景

关于留学的一些建议

机会永远垂青有准备的人。能够成功进入英国 G5 大学，马兆缨在学习技巧以及出国申请方面有很深的感悟。面对想要出国留学或者正处在升学迷茫期的同学，她提出了几点小建议。

一、疫情是把双刃剑。疫情虽然对申请出国留学有一定影响，但整体而言，疫情击退了很多竞争者，因此能够申请到好大学的概率反而增加了，并且很多学校还会扩招。对于想要出国留学的同学来说，这是一个很好的机遇。

二、大一大二打好基础。她从个人经验出发，强烈建议大一大二的同学打好学习基础，以加权成绩为例，大一大二没打好基础，到大三再想提升就很难。而且，好的学习基础是底气，就算未来出国留学计划有变动，还可以凭借成绩申请保研。

三、做好两手准备。任何时候，多规划一条前进的道路总没错。从当前的国际局势和疫情影响来看，做好申请出国留学与申请保研的两手准备会更妥当。大多数时候，努力与回报是成正比的。

王琼琼：
工作八年后重返校园，只要奔跑起来人生就会有风

"妈妈"这个称呼很美好，也很沉重。"妈妈"的背后是无私母爱、是全力付出、是甘之如饴的辛劳，一旦被贴上这个标签，妈妈本身的名字就会开始不断模糊。然而，在工作八年之后，30岁的王琼琼选择重新踏上求学路，她用温柔而坚定的语气告诉我们："大家好，我是王琼琼。我是一名母亲，但同时，我也是我自己！"

工作八年，重新出发

王琼琼是一个很要强的职场人，2012年大学毕业之后，凭借英语专业的优势，她成为一名优秀的留学顾问，帮助过数千名申请留学的学生。每一次目送那些怀揣梦想的孩子踏入理想的海外学府，她都禁不住扪心自问："一直在做连接两端的桥梁，我何时也能去看看彼岸？"

因为亲和力强、业务能力优秀，很多成功申请出国留学的学生都跟她保持着联系，通过跟这些学生的接触，她发现，很多孩子出国上学之后转变很大，跟在国内时相比，变得更加自信、善于言谈，而且独立处理问题的能力也会大大提升。这实在令人好奇，究竟是怎样的环境差异能给人带来如此大的改变？

见证一棵棵树苗逐渐成长成森林，仰望朝阳升起后的天空如此广阔，她的内心开始跃跃欲试。"前方的世界是充满未知的美好，而改变是人生的常态。"考虑到未来五年，甚至十年的职业规划，王琼琼感觉自己原有的知识体系似乎需要进一步扩充才能够实现那些目标。

"我要出国留学！"这个念头自从在她心中升起，便呈燎原之势再无熄灭的可能。

家人支持，再次求学

此时的王琼琼初为人母，出国留学便意味着一整年的别离。看着刚刚一岁的儿子，她的心里也是一种煎熬。所幸丈夫对王琼琼的选择很支持，并且拍着胸脯保证能照顾好儿子。最重要的是，她从儿子的眼睛中清晰地看到了自己，"那一刻我明白，我想成为我自己，活成儿子心中的榜样"。正是这种动力促使她更加渴望前行和奋进。

把自己变强不止出国一条路径，在申请留学之前，她还考虑过考研，

029

目标是北京大学，不过在竞争异常激烈的情况下，无论从时间成本还是教育方式来看，出国留学都是更优选择。经过权衡，她将目标锁定在自己一直心向往之的英国。

虽然这些年的工作经历一直跟出国留学相关，但是真正开始准备申请，她才发现这仍是一个很艰难的过程。首先是备考的时间问题，工作和家庭占据了她大部分精力，能够充分利用的就只有上下班途中的碎片时间。于是在每天的地铁上，王琼琼都抓紧时间学习，那些曾被时间的风刮得模糊的知识点，在日复一日的努力下竟然神奇地被找回来了。其次便是"双非"本科所带来的一些现实局限，导致她与部分理想中的院校失之交臂。不过八年的工作经验给她的申请加分不少。

在采访中王琼琼笑称，能够进入伦敦大学学院学习是自己努力争取的结果。伦敦大学学院是一所顶尖的世界级院校，尤其以教育类专业见长，这也是她一直以来梦想中的学校。不过由于 2020 年英国颁布的新政策：只要在 2021 年 4 月 6 日前入境英国并符合条件，均有资格申请 PSW 签证，即毕业后可获得长达两年的工作签证。所以申请这些院校的竞争非常激烈，导致申请之路一波三折。

她申请伦敦大学学院时的第一个专业直接被拒了，理由是工作履历不符。不甘心的她后来浏览这所学校的官网时发现 MA Education and Technology（教育技术）专业非常有意思，而且与自己所规划的职业方向一致，于是再次向校方提交申请，并且在等待期间给校方发"love letter"，表达了对学校及专业的强烈热爱。"不到一个月学校就给我发来了 offer，感觉自己好幸运！"王琼琼在谈及这段经历时依旧很感慨。

直面疫情，奔赴英国

好事总是多磨，在提交完留学申请、等待 offer 的时候，疫情暴发了。

她在疫情严重的当口接到了校方发来的 offer，一时百感交集。

如果还是 20 岁的年纪，面对这种时代因素所带来的不确定性，也许她会不以为然。然而有了家庭、有了孩子，内心的牵挂更多，遇到疫情也会更加深刻思考，这样的冒险是否值得？那个时候王琼琼很迷茫，她反复跟丈夫讨论，也寻求周围人的建议，大家都很客观地帮她分析了利弊。经过慎重思考，王琼琼觉得这是一次挑战，也是一次机遇，错过也许就没有了。而且在这种局势不确定的情况下，投资自己、提升自己并不是一件坏事，她始终坚信，付出与收获是成正比的，万事皆有成本，只要自己出得起，就应该努力去闯一闯。基于此，王琼琼决定，按原计划出国留学！

9 月底，王琼琼抵达英国。踏上这片土地的那一刻，一切显得美好而梦幻，街边的建筑如同 18 世纪的欧洲绅士，学校更是历史气息浓厚，这种无形中散发出的气场与初来乍到时的新奇混合，交织成一种无与伦比的自豪感。

王琼琼提到，伦敦大学学院是一所没有围墙的大学，相关配套建筑散落在各处，铺设面积非常广。由于建筑风格相似，被包围于其中的大英博物馆也常常被人误以为是学校的一部分。

学校的图书馆有 16 个之多，书海浩瀚，学习资源非常丰富。馆内的各类目分得非常细，想要查阅的刊物几乎都可以在电子图书馆中找到。有些图书因为版权限制，无法直接下载，只需要在系统上留言，告知想要获取的章节扫描版，很快就会有老师响应，非常方便。

不过美好之外，刚到英国的王琼琼也被社会上了一课，她所租的寓所的一辆自行车被盗了。由于车子是租的，弄丢之后需要赔付相应的金额，所以王琼琼选择了报警。虽然事情发生的时候让人很崩溃，不过在这个过程中她也感受到了英国法律中很人性化的一面。在了解完整个事情的经过并且提交证据之后，警察和车辆相关负责人都认为她已经尽自己所能去保护这辆自行车了，车辆丢失也不是她的原因，所以不需要赔付费用。

伦敦大学学院校园一角

疫情下的英国留学生活

丢自行车只是生活中的一个小插曲，来到英国后，王琼琼将大部分时间都耗在上网课和泡图书馆上。她的专业学制是一年，总学分是 180 分，除去论文所占的 60 学分比例，还有 120 学分隶属于四门课程。听起来似乎很轻松，"我当时特别天真地问我的老师，自己能不能再多选一些课程或者其他学院的课程，老师说不能，那会儿我特别不服气。"不过很快她就发现，自己严重低估了课业量。

由于课堂上所讲的内容涉及面广，所以课前需要阅读大量的资料，否则就有可能跟不上老师的进度。而且课后还会有小组讨论或者话题活动之类的安排，需要查阅很多文献刊物，以致课程安排得满满当当，很充实。

赶上特别的一年，王琼琼一直都是在上网课，"我现在跟我的同学们还基本上是网聊状态"。不过在这个过程中她也发现一个有趣的现象，这些同学中 80% 以上都是有工作经验的，而且很多是在职的教师，或者是有多年工作经验的教师。助教告诉她，往年这个专业以应届生居多，就连本科专业也多是教育科技的一些应届生，但今年情况发生了很大改变，班级中的应届生只有两三个，绝大多数学生都是从职场转向校园的，王琼琼并不是其中的个例。

这类同学几乎都是带着特定教育问题前来求学的，因而学习目的更纯粹、学习劲头也更足，同时在专业知识的理解与实践操作上见解独到而深刻，常常让王琼琼有种"三人行，必有我师焉"的感觉。尤其是小组讨论的时候，来自不同国家、不同年龄、拥有不同履历的灵魂互相碰撞，所激发的思想火花绚丽而别致，每当这时候，她就会深深体会到留学的意义。

除了日常的学习和生活之外，她还报名参加了 Community Research Initiative（CRIS，社区研究倡议）活动，同来自伦敦大学学院不同专业的同学以及伦敦志愿组织进行沟通交流，寻求开展社区研究的主题和活动；同时她还参加了 European Ed Tech Network（欧洲教育技术网络）项目，与来自欧洲知名学校的专家学者和学生进行教育技术的探索。

在学习中发现趣味是真的，而适应过程中的痛苦也是真的。八年的工作时间总会雁过留痕，而重新回到学生的身份需要转换的也不仅仅是心态，它需要打破自己已有的认知体系，然后重新拼建。来到英国后，王琼琼在学校附近租了一套学生公寓，每天自己采购食材、做饭、学习，过着跟之前完全不一样的生活，一切重新洗牌，一切也都是全新的。

王琼琼在海外过圣诞节

爱与感恩

虽然离家前的王琼琼已经做好心理准备，但是当面对一个全新的开始，面对异国他乡空无一人的街道时，这种对家人尤其是对孩子的思念才开始铺天盖地地涌来。两岁多的宝宝，软软的小手掌，湿漉漉的大眼睛，喊起妈妈来奶声奶气的，只要一想起来心都会化了。"我每天都会跟我儿子视频，很想他""不过我很感谢我的丈夫，我到英国之后，孩子一直是他在陪伴和照顾"，提到家人，王琼琼的语气里有不自觉的温柔，那一刻，她像一株迎着太阳、闪闪发光的向日葵一样，"生活本就沉闷，奔跑起来就会有风"。

关于留学的一些建议

作为疫情期间出国求学的"过来人"，王琼琼对当前还处在观望期以及正在准备申请留学的同学们提出了一些建议。

一、明确自己内心的想法。在决定出国留学之前先想想自己为什么想要出国留学，出国留学能够收获什么，只有想清楚这些问题，出国之后才能够快速克服初来乍到时的不适状态。

二、申请院校时"脸皮厚点儿"。在申请伦敦大学学院时，正是自己不断坚持向校方表达自己的坚定与坦诚，才顺利拿到offer，所以她也建议正在准备申请院校的同学们不要害怕被拒绝，面对心仪的院校，如果可以多专业申请的话，可以多试几次，也许会有转机。

三、提前做好时间规划。因为英国授课型硕士课程的学制是一年，课业安排非常紧凑，所以申请这类专业的同学最好提前做好时间规划。

李钊钰：
敢于改变，做顺应时代潮流的前行者

　　2020 年 7 月底，在美国波士顿大学就读研究生的李钊钰踏上回国的航班。美国疫情暴发带来的形势压力，令她的朋友一个一个离开美国，这让她心神不宁。她不止一次问自己，如果继续待在美国，会开心吗？能定下心来踏踏实实地学习吗？最终，对家人的思念让她临时回国，但追逐梦想的脚步并没有停下。

短暂的休息是为了更好地出发，这个永远充满活力的"元气少女"始终在朝着自己的梦想奔跑。

交流式教学方式让人心胸广阔

都说家是温暖的港湾，故土的气息让李钊钰满血复活。相比在波士顿每天紧绷的生活，白天睡觉，夜里上课，这种日夜颠倒的网课生活显得微不足道。"我本来就是个夜猫子，熬夜对于我而言本来就不是一件特别艰难的事情。"李钊钰笑得轻松，"而且如果实在困的话，我也可以去睡会儿，醒来再看回放。"

回国后的李钊钰依然繁忙，除了上课，她还为自己找了份实习工作。用她的话说，美国是个看重"软实力"的国家，想要从众多求学者或求职者中脱颖而出，拥有含金量高的实习经历能让招录老师眼前一亮。李钊钰本科专业是会计，研究生专业转至应用商业分析专业，可如果没有本科时期两段权威金融机构的实习经历，她无法顺利跨专业来到美国读研。

美国跟金融相关的课堂的授课模式大多以集体讨论为主，在讨论的过程中对知识点或案例进行深度学习和分析。教授们也非常喜欢与学生们互动，经常会让学生们在课堂上分享自己的工作经历或学习的心得体会。每当这个时候，李钊钰都无比庆幸自己有过实习经历，可以在课堂上"有话说"。对比国内的被动式学习，美国的交流式教学让人耳目一新。"老师会顾及班上的每一个学生，相比考试分数，他更看重上课的时候有没有跟他互动，哪怕你的英语不是很流利也没关系，重点是要敢说。"

初来美国的李钊钰同大多数第一次前往美国求学的留学生一样，羞于开口与人对话，上课的时候也基本插不上话。"很想说话，但不知道说什么。"回忆起刚来美国上课时的情景，李钊钰说，"我记得有次在课堂上，老师讲 GE（通用电气）的案例，我当时根本就不知道通用电气是干什么的，也没有办法插上话。后来老师讲到特斯拉的案例，问我会不会投资特斯拉的股票，因为我有过在证券公司实习的经历，我就把我的想法说出来了。刚开始口语不是很流利，我都能感觉到我的脸在发烧，外国同学也一直盯着我看，当时我就觉得自己要提升的方面太多了！"

参观"海边的曼彻斯特"

课堂上的挫折并没有让李钊钰气馁，反而让她培养出自学的意识，也让她变得更乐于分享。"出国后，我的学习和生活状态都发生了较大的变化，心胸也更开阔了。"她说，"如果可以靠自己，就尽量不要依赖别人。"

学会独立思考不代表吝啬于帮助他人。"在这里大家都很包容，互帮互助。我现在也很愿意把我在美国所获取的资源分享给我的朋友，也许今后他们会变成我的竞争对手，但我仍然希望大家一起进步，成为更厉害的人。"李钊钰真诚地说。

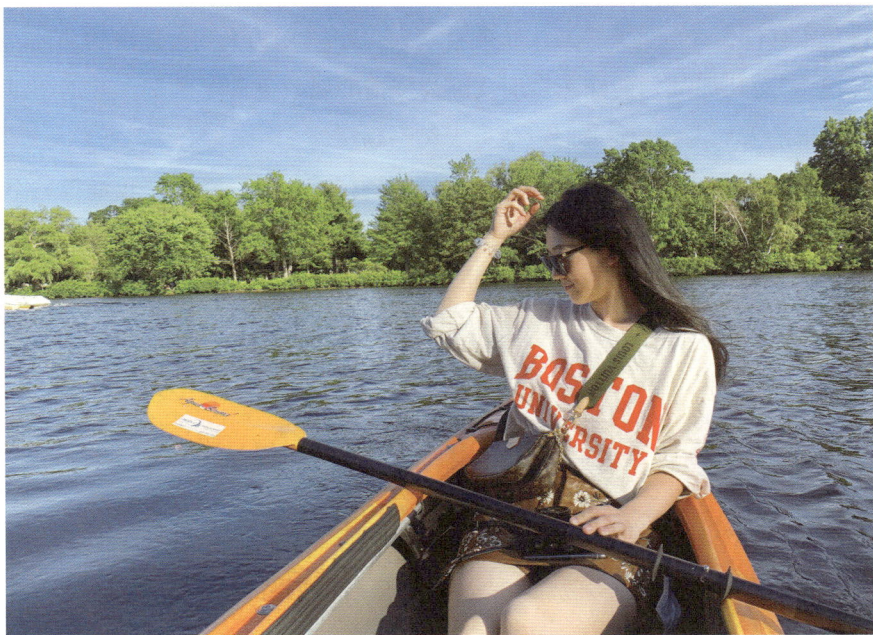

泛舟于查理河

转变是为了更好地"圆梦"

受到疫情的影响，原本计划 2020 年年底毕业的李钊钰不得不把毕业时间延至 2021 年 5 月，希望今后能有更多的时间和机会来找工作。

应用商业分析属于 STEM 专业，享有可将原本 1 年的 OPT 时间延长至 3 年的优惠政策，与时下热门的大数据和人工智能等领域也有着密切的联系。近 95% 的应届生就业率和接近 10 万美元起薪的待遇让许多海外留学生趋之若鹜。

对于拥有会计背景的李钊钰来说，商业分析专业的课程很难，她笑着调侃这个专业是要"学到头秃"。虽然不如 CS（计算机科学）专业那么"硬核"，但是多种计算机编程语言的学习是必修的。有些课程，老师不会讲得很仔细，李钊钰只能靠大量的自学来弥补。"压力大到会崩溃的那种。"她说，"而且那时候正好许多朋友因为疫情的缘故离开了美国，我连个可以倾诉的人都没有，时不时就想要大哭一场。"

既然那么难，为什么要转专业呢？李钊钰很直白地说："我觉得一个成功的人或者一个想要进步的人，是要跟着时代走的。不管年龄几何，都一定要跟着时代的大趋势走，即使这个趋势会过去，我们就再做顺应后来时代的事情就好。"

求职的过程也是一种肯定

2017 年，李钊钰得到一次到美国加州大学圣地亚哥分校做交换生的机会。加州温暖的阳光、开放自由的人文环境和缓慢的生活节奏令她倾心，当时她就下定决心以后一定要来美国学习、生活。虽然最后没能成功申请到加州的大学，但她觉得波士顿也不错。

作为美国马萨诸塞州的首府和最大城市，也是美国东北部新英格兰地区的最大城市，波士顿在美国甚至世界上都闻名遐迩。坐拥多所世界著名院校，也让波士顿吸引了大量公司前来发展，为年轻人提供了广泛的就业机会。"不过，对于海外留学生，尤其是中国留学生而言，金融行业还是挺不好找工作的。"李钊钰坦陈，"去投行工作要能说会道，这对于中国留学生而言有些难。商业分析比较看重技术能力，很多大公司都在招人。"

然而，这场突如其来的疫情把一切计划都打乱了。许多美国公司不再招聘海外留学生，还有一些公司取消了对海外留学生申请H1B（短期工作签证）的帮助。虽然形势严峻，但李钊钰没有放弃。从2020年暑期开始，李钊钰陆陆续续地投了几份简历"试水"，在求职社交网站上与公司"套磁"，同时也收到了一些反馈。其中最让她惊喜的是，她收到了美国富达投资（Fidelity）的Cyber Security部门的线上面试邀请。富达投资是美国在投资方面做得比较好的公司，排名靠前。可惜的是，也许是缺乏针对性培训的缘故，李钊钰止步于终面。虽然有些遗憾，但也给了她信心，这说明美国的部分大公司在疫情期间还是会招聘海外留学生并为其提供就业帮助，她还有尝试的机会。

即使艰难也要勇往前行

2021年，李钊钰准备返回美国继续完成学业，坚守自己的初心。

如果说留学前的李钊钰是温室里的花朵，那么出国后的她"修炼"成了铿锵玫瑰。在这一年的时光里，李钊钰学会了在生活中与各类环境和谐相处，在工作中直面不同人的眼光，在课堂上自信满满地"出击"。李钊钰内心逐渐变得强大，"美国还是个能力至上的国家，只要你有能力，别人也不会歧视你。即使他歧视你，你也不用在意，就用实力反驳他。"

关于留学的一些建议

一、不要太过于在意美国人或者其他国家人的歧视行为。有些西方人可能觉得我们中国人跟他们不一样，就可能会做出一些令我们不舒服的行为，有些是恶意的，有些是无意的，面对这种情况不要太在意，也不要与他们起争执。

　　二、要有主动意识。在国内，我们可能会有主人翁意识，不自觉地就会做出一些很主动的行为来。到了美国，也要有一种主动的意识，多花时间在科研或者和教授的沟通上，不要指望别人来问。在美国，只有主动出击，才会获得更多的机会。

赵俊翔：
疫情下坚持赴美，充分体验名校商学院的魅力

    2020 年下半年，国内疫情状况渐渐好转，海外却日趋严重，这让很多准备赴海外留学的学生们望而却步。但赵俊翔，却拿着 MIT（麻省理工学院）斯隆商学院的录取通知书，无畏地踏上了赴美求学的道路。

有想法、善规划，赵俊翔一直是个知道自己想要什么的人，并会为了目标付诸行动。

疫情之下的美国留学生活

或许是最严峻的时期已经过去，波士顿的生机逐渐浮现。相比正常时期，波士顿仍显得有些萧条，但已经热闹了许多。许多商超已经陆续恢复营业，马路上的车辆也渐渐多了起来，一切都向着好的方向在发展。

在美国生活了近半年，赵俊翔并没有感到什么不适应。"只是觉得有些不太方便，学校现在仍处于半开放的状态，许多功能我也不能全部感受到。"她笑着说。2020年下半年，MIT开放校园，赵俊翔就读的斯隆商学院也开放了将近一半的线下课程，尽可能让同学们在教室里见面交流，但对参与课程的人数有所控制。不过，赵俊翔对现状已经感到很知足了："这已经很好了，隔壁学校（哈佛大学）现在还在全体上网课呢。"

由于住在学校宿舍，学校要求住校的学生一周提交两次核酸检测报告，不然不让进宿舍楼，虽然有些麻烦，但这也让赵俊翔感到安全。各大超市也对人流进行控制，同一时间只允许少量消费者进入，其他人则需要在外面排队等候。为避免长时间排队，赵俊翔通常会在下午6点至7点去超市，"这时候大部分人都买完东西在家做晚饭了，超市里基本没什么人，也算是我总结出来的小技巧吧。"她虽然也可以选择在Amazon Fresh等线上生鲜超市购买物资，然后到宿舍前台领取，但她更喜欢去超市采买，"可以出门走一走、透透气，而且一直戴着口罩，并且有意识地和别人保持距离的话也没什么问题"。

偶尔，赵俊翔也会"出趟远门"，去博物馆转一转，感受一下美国文化。作为美国最早开埠头的古老城市，波士顿被誉为"眺望美国历史的橱窗"，有着深厚的历史文化渊源。波士顿坐拥多座博物馆，其中以波士顿艺术博物馆最为知名。"我一直很想去艺术博物馆看看，但现在很难预约到参观日期了。"赵俊翔遗憾地说道。

跌宕起伏的申请季

在高中时期，赵俊翔就已经规划好了自己未来的求学之路：在国内就读本科，出国攻读硕士研究生。由于保送生的特殊性，赵俊翔的第一专业只能选择浙江大学外语学院设置的专业，但作为一名理科生，她更想修社科方向的专业。金融学，作为社科方向里比较偏数理的专业，就这样被赵俊翔定为第二专业，以及未来职业发展的方向。

本科四年，赵俊翔过得很有计划性。大一大二期间，她会有意识地提升自己的写作、口语水平，尽快考出托福成绩并保持比较好的 GPA。到了大三大四，除了课程的学习，赵俊翔开始为自己安排含金量比较高的实习工作，以提高将来被海外名校录取的概率。

现在回想起自己的申请季，赵俊翔感觉挺唏嘘的。"首战就失利了。"她自嘲道。自 2019 年 9 月申请季开始，赵俊翔便陆续向 13 所美国院校以及 2 所英国院校递交了申请。第一个出结果的是美国杜克大学，杜克大学会在统一的时间对意向录取学生发送面试邀请邮件，但赵俊翔并没有收到。得到这个消息的时候，她陷入了深深的自我怀疑：是不是我之前对自己的定位太高了？是不是我还不够资格申请名校？

低落的情绪只维持了两天，形势峰回路转，她收到了英国牛津大学的面试邀请。那可是牛津大学啊！她特别惊讶也特别激动。众所周知，牛津大学对研究生申请人的三维分数要求特别严格：GPA 高于 3.9；托福大于 110，且每门不得低于 25 分；GMAT 大于 730。卡完这三道分数线，牛津大学会再从全球的"幸存者"中挑选 50 个"幸运儿"发放面试资格。作为其中的一名"幸运儿"，赵俊翔是惊讶大于惊喜，"感觉自信心一下子又回来了"。

面试的时候，赵俊翔身在上海实习。住处的网络很糟糕，在总共半个小时的面试时间里，她掉线了好几次。当时她就绝望了，觉得自己肯定上不了牛津了。面试结束的时候已经凌晨1点了，赵俊翔久久不能入睡，她控制不住自己，想着是不是就这样错过了能上世界名校也是最好院校的机会。在当天凌晨4点左右，赵俊翔收到了另一个学校的录取通知。虽然这所学校在她申请的所有学校中排名较低，但她反而松了一口气，"感觉自己有学上了"。

往后的时间里，赵俊翔陆续收到7所学校的录取通知，其中伦敦政治经济学院是她比较心仪的，虽然项目的时间比较短，只有10个月。就在她定好伦敦的住所时，MIT的录取通知来到了她的邮箱。

对于赵俊翔来说，MIT是彩票中的彩票，她从来没有想过自己能上MIT。作为第一专业是英语文学背景的学生，金融学的双学位在T5商学院眼里可能没什么分量，很多同学当时都觉得她根本没必要申请MIT的斯隆商学院。但她还是想试试，并把文学专业背景转变成特点，让自己变得更为与众不同。"我觉得海外院校评价一个学生，其实看的是这个立体的人。但是，那短短几百个单词的个人陈述根本无法完整展现出一个人的全貌。我们所能做的就是让自己变得更加特别，把自己的优势展现出来。"赵俊翔总结说。

MIT斯隆商学院的金融学项目时间安排比较特殊，暑期的课程是从6月30日开始，总共18个月。2020年6月，赵俊翔开始了MIT的网课生涯。每天晚上8点开始上课，直到夜里12点或12点半，习题课从凌晨1点开始，到2点或4点。有时候，学校还会安排一些讲座，大约在北京时间清晨5点或6点开始。就这样持续了2个月，赵俊翔明显感觉坚持不下去了。"每天夜里上课，白天其实也睡得不是很踏实，整个人精神状态都不好。"她说，"还不如去美国，好歹能过正常的生活。"

此外，网课的模式让赵俊翔对美式教学体验不佳。美国课堂最大的特色，就是对学生个人的关注。老师们在上课的时候总会停下来，问大家是否有问题。如果学生有问题的话，老师会在全班同学面前解释；如果还是不懂的话，老师会有office hour可以对学生进行1对1的教学。但在线上的话，老师是在一个线上会议室里，大家都可以在office hour里随时出现。"有的学生可能更想跟老师单独沟通，但在线上就做不到了。"赵俊翔说。

坚持赴美，为了更好地体验美式教育

　　然而，新冠肺炎疫情的全球性蔓延，让美国驻华大使馆持续关闭。无法拿到学生签证，是让很多中国留学生放弃赴美，在家上网课的重要原因之一。幸运的是，赵俊翔在本科时期曾前往加州大学洛杉矶分校参加暑校项目。虽然她只停留了2个月，但学校给了她5年的学生签证。凭着这张签证，她顺利通过美国海关，前往MIT正式开始上课。

　　目前，赵俊翔正在寻找2021年暑期课程实习（CPT）的机会。虽然因为疫情的原因，美国就业形势不佳，不论是找工作还是找实习，成功的概率都不高，但赵俊翔还是很乐观，"简历还是要投一投的，可以看看中国香港有没有机会。不是所有的努力都会有回报，但还是要尽力"。

关于留学的一些建议

　　一、在留学申请的过程中，要给自己准备好一个"形象包"，里面不仅要有标化成绩，更要有各个方面的能力展现，比如用实习、社团等活动展现组织能力、团队合作能力等。把自己的全方位能力展现给学校看。

　　二、对于托福写作方面，赵俊翔建议一定要注意行文逻辑。文采是锦上添花，逻辑是否严密可能才是托福考试的写作评价标准。

苏奕夫：
15 岁少年澳洲求学，在磨炼中找到人生方向

为了找到更适合自己的学习模式，苏奕夫前往澳大利亚，开始寄宿求学。在经历了语言挑战、孤独测试及学业磨合之后，这位 15 岁少年的人生开始绽放出别样的光彩，人生的方向也更加明晰。

少年离乡，追梦澳洲

奕夫的留学梦很早就有了。初中时参加的一场联合国模拟大会

（MUN）打开了新世界的大门，从那以后，他连续多次参与不同规模的联合国模拟大会。在这个过程中也结识了很多来自不同国家和地区的小伙伴，在开阔视野的同时，他也从小伙伴们的口中了解到关于海外的点滴，包括不同的教学方式。

在国内的时候，他的专业学习成绩并不是很突出，所有的兴趣和热情，在国内应试教育之下显得比较"不务正业"。经过深思熟虑之后，他向父母提出了出国留学的想法。

得益于之前国内众多的实践尝试，申请留学之路非常顺利。疫情暴发前夕，苏奕夫进入瓦特尔纳中学（Wantirna College），就读10年级。瓦特尔纳中学是一所政府公立的男女混合学校，位于墨尔本东南区，靠近蒙纳士、迪肯等重点大学。

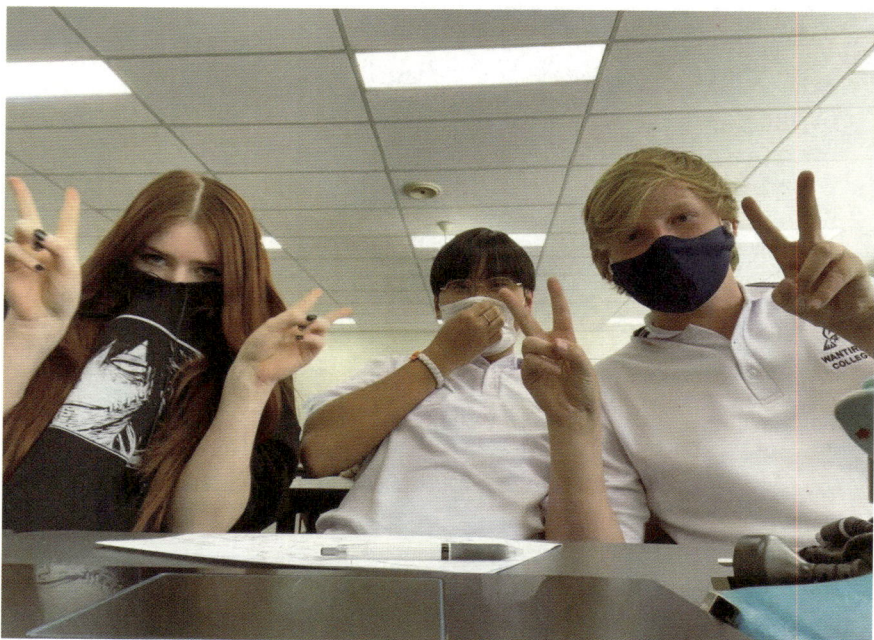

苏奕夫与同学们的课间合影

苏奕夫提到，跟国内的考试考核方式不同，瓦特尔纳中学是根据出勤率和学分来进行考核的，日常测验则作为检验学生知识掌握程度的一个参考标准。学校开设了 30 多门 VCE 课程，学生可以从中选择感兴趣、更适合自己的学科。在各大类的划分中，又会有很具体的类目，例如，生物这一类当中又划分有药理学、生物医学等。在根据自己兴趣进行选择的过程中，学生不仅可以进一步发挥主观能动性，而且也在无形中为未来的职业方向铺垫了基础。

学校授课采用小组讨论与面授相结合的形式，老师会在课上给出一个大方向，学生根据老师的提示自主学习或进行小组讨论，同时老师会给学生发放一份表格，学生通过填写检验自己对知识的掌握程度，表格中还有专门的答疑解惑区，用于师生一对一交流。

他说，学校的老师和同学都很热情，尤其是国际部的老师，他们对留学生们的心理状况和学习状态都非常关注，过节的时候还会举办一些有趣的活动，让他很有归属感。有时候老师还会带领大家一起出游，还会组织烧烤聚餐，同学们自己带材料，自己动手烤，在趣味互动中感受团队精神。

穿越疫情，独自求学

回想起一年前的自己，苏奕夫忍不住笑起来。他说，刚到澳洲的时候，因为英文还不能够灵活表达，父母朋友都不在自己身边，遇到了事情也不知道该跟谁说，这种孤独的情绪围绕着自己并持续了很长一段时间。小小年纪独自一人在澳洲求学，他承受的心理压力也比一般人大得多，所幸他寄宿的家庭对他很好，给了他家一般的温暖。

学校也考虑到语言问题这一点，为留学生们设置了用来过渡的语言班。在语言班里，同学们天南海北地交流，性格开朗的同伴们让苏奕夫也放下顾虑，在表达时不再仔细思考语法和结构，而是"能听懂就可以了"。语言班在期末的时候还会设置一个测试，内容主要是当地的一些风土人情，学术性和趣味性兼顾。

他说，跟一年前相比，能够明显感觉到自身所发生的变化。变化之一就是整个人变得更加活泼开朗，而且能够用英语自如地表达。变化之二就是能够用更加包容的心态去接纳他人。在澳洲的这一年多时间，他接触到了很多不同的人、不同的思想，也在这个过程中结识了很多新的朋友。变化之三就是更加独立。因为热爱旅行，假期里他探索过周边很多景点，且自驾游居多，旅途中的所见所闻进一步开阔了他的视野，同时他也在优美的风景中感受到每一点每一滴的美好。

疫情暴发以来，学校的课程改为线下加线上混合授课模式，一些主要课程仍然是线下授课，部分选修课则调整到了线上。虽然对整体的学业没有很大影响，但父母没办法随时过来探望他了，对于苏奕夫来说，这是一段难忘的成长经历。

不过这段时间，他在学习之余开始钻研起自己最感兴趣的生物科学来，过得非常充实。这也是澳洲精英教育中非常值得肯定的一点：让学生在自己感兴趣的领域尽情探索，并为之提供足够的学习资源和学习指导。

醉心研究，主动探索

苏奕夫目前正在研究的是 CB-1 受体的激活机理，这本来应该是 12 年级甚至大学阶段的一个研究课题，不过因为对这一部分非常感兴趣，他开始自发研究。在这个过程中，生物学科的老师也会为他提供指导，"老师会非常积极地鼓励我们在自己喜欢的领域探究，并且会在能力范围内给我们提供尽量多的帮助"。

他所在的年级类似国内的高一，在国内的话，高二就会面临文理分班，不过澳大利亚采取的是自主选课模式，所以不会有分班所带来的知识局限问题。苏奕夫说，自己很喜欢理科类学科，不过他对文科类的政治、地理等也很感兴趣，所以选课的时候会二者兼顾。知识不是被动接受，而是主动吸收的，经过自主选择学来的知识印象会更深刻。

根据兴趣去寻找和发现知识是他一直以来所坚持的学习态度，就如当初参加 MUN（模拟联合国）一样，苏奕夫的"模拟联合国"经历挺长的，期间参与过校际、省际及国际模拟活动。在这个过程中，所有模拟的问题都是依照现实中的联合国来实行的，用来辩论和陈词的证据及事件也都是依照新闻或联合国相关条文，既能锻炼口头表达能力，又能对国际形势有更直观的认识。

提到 MUN（模拟联合国）的相关经历，他说，在这个过程中交到了很多优秀的朋友，而且拓宽了眼界和对世界的认知。同时，他也养成了遇事多思考的习惯，也正是这个好习惯，让他快速适应了澳洲的学习和生活，在这里找到了适合自己的学习模式。

澳洲的教育主导人文和自由。澳大利亚人认为，人的一生需要的知识是多方面的，不可能在学校里一步学完，学校教育的目的是培养学生健康的体格和健全的人格，学校不是批量生产的工厂，而是要教给学生将来继续学习知识的方法。基于这点，他们特别注重对学生音乐和体育方面能力的培养，强调团队合作，很关心学生是不是有很多兴趣爱好。另外，澳洲的老师非常有耐心，针对学生的毛病，老师除了提要求，重要的是能根据学生的具体情况采取一些学生能接受的教育方法，因人施教正是像苏奕夫这样的孩子所需要的。

描摹梦想，拥抱未来

跟同龄人相比，苏奕夫有着很难得的清醒和成熟，这也是父母放心他独自一人在澳洲求学的主要原因。他的很多朋友都是年纪比他大的大学生，就读于悉尼或者墨尔本，闲暇时刻，他会开车去找朋友们玩，在畅谈中设想未来的模样。

谈到对未来的规划，苏奕夫说："当初是为了开阔眼界才选择来澳洲留学的，但是我的归属肯定不会在这儿。"在他的规划中，大学阶段仍然是一个知识的累积过程，因此他选择在澳洲这种人文气息浓厚的教育环境中完成大学学业。而研究生阶段则是在专业领域不断伸延的过程，他觉得等成长到这一阶段后，也许自己会选择像英国和美国这些科技力量比较强的国家的院校。"我以后的专业想选择医学这方面的，所以对我来说，未来的路还很长。"

他说，自己最感兴趣的是肿瘤学和一些核医学，这也是当前医学领域很难攻克的几大难题。尤其肿瘤学，涉及的常见疾病几乎都是各种癌症，这些疾病是当前人类生命的一个直接威胁，研究并战胜这类医学难题任重而道远。在苏奕夫看来，这不仅仅是自己的兴趣所在，也是自己对世界可能做出的微末贡献。

疫情对留学生们来说是一大考验，苏奕夫虽是在疫情暴发之前抵达澳洲的，但也是整场疫情发展的见证者。小小少年需要面临的是人生地不熟的各项挑战，以及无边际的孤独感，不过他用自己的坚强意志和良好的社交能力，向自己和家人交出了满意的答卷！

关于留学的一些建议

回顾这一年多的留学生活，苏奕夫提出了关于留学的三点小建议。

一、要学会管理情绪。刚到异国他乡，尤其是语言沟通还不太理想的情况下，中国学生一定要学会排解情绪，分散自己的注意力。像他找到的办法就是多跟同学和老师交流，在沟通过程中也能交到很多好朋友。

二、找到自身的优势，并且勇敢表达。他在国内时参加的很多社团活动所积累的经验，被完美地应用在澳洲的学校生活中，现在他已经能够自如地主导社团活动了。

三、选择适合自己的学习模式。他提到，因为性格和兴趣倾向，他认为自己可能更适应澳洲的这种教学模式，能够利用一切时间去做更多有意义的事情。他建议想要申请出国留学的同学不要盲目申请，而要先考察，找到适合自己的学习模式再做决定。

刘宏堃：
十年逆袭路，从职业学院到莫道克大学兽医博士

　　回想起 2008 年高考后的那个暑假，刘宏堃至今仍然感觉苦涩，虽然此时的他已经拿到了莫道克大学兽医专业博士的 offer。从职业学院到海外高校博士，他在这条路上十年磨一剑，一路不断攀越，到达山巅。

高考失利，不得已选择兽医专业

山东一直是全国著名的"高考大省"，因为每年参考人数多、竞争激烈，所以录取分数线也是出了名的高。高中时的刘宏堃没有把主要精力放在学习上，"只有付出才有回报"的真理在高考时应验了。2008 年，因为高考成绩不理想，刘宏堃进入山东兽医职业技术学院，学习畜牧兽医专业。

之所以选择山东兽医职业技术学院，一方面是因为这所学校离家近，另一方面是因为兽医专业是这所学校的招牌。当时，兽医专业在国内很冷门，但是从就业方向上来说，是一个不错的选择。

最初，他对这个专业也很排斥，但经过深入了解后，他对这个专业有了更深层次的认识，并且还产生了进一步学习的想法。

2012 年，刘宏堃专升本成功，顺利入读青岛农业大学兽医专业。专升本的成功，也让他对自己的能力有了初步的肯定。

青岛农业大学的兽医（动物医学）专业实力非常强，2019 年 4 月，该校的植物学与动物学、农业科学进入 ESI（基本科学指标）全球排名前1%。在青岛农业大学学习时，刘宏堃萌生了出国留学的想法。

继续深造，在前行中深种留学梦

近些年来，很多传染疾病的暴发都是从动物开始的，比如 2003 年的SARS、2015 年的 MERS，这些疾病的传染源或中间宿主都是动物，兽医专业对于维护人们的生命安全也至关重要。WHO 多位疫控专家拥有兽医学或动物健康专业背景，动物医学和人体医学相结合已逐渐成为一种新的趋势。2018 年，在我国暴发的"非洲猪瘟"，对国家的产业经济以及食品安全造成重大影响，这也让他深刻认识到研究和预防动物传染病的重大意义，并让他更加坚定了在这一领域深造的决心——实现个人抱负的同时为国家做贡献。

本科毕业后，对专业领域兴趣越来越浓的他，继续攻读青岛农业大学动物医学硕士专业。随着全球化的高速发展，国内很多高校开始与海外院校联合培养专业人才，互通有无。刘宏堃也萌生了出国留学的念头。当他把想要出国留学的想法告诉父母时，父母都很重视并立即着手协助他进行留学规划。

为了在这一领域积累更多相关知识，同时也为了保证后期博士申请的顺利进行，他决定再攻读一个硕士学位。2017年，他顺利前往澳洲皇家墨尔本理工大学（RMIT）攻读医学实验硕士学位。虽然得偿所愿，但初出国门，很多困难也扑面而来，最大的难题便是语言问题。由于英语功底相对比较薄弱，他选择从语言班开始。虽然自己已经在恶补英语，但刚开始还是闹了不少笑话。他提到，有一次去理发，他进门后小声问女店长："Can I……"不过还没等第三个单词出口，女店长便回头用流利的中文说："等待20分钟，坐吧。"他跟店长熟悉后提到这件往事时，店长笑称，他一开口就被发现英语不行。

为了克服语言难关，他开启了自虐模式，办理业务的时候绝不找中文服务，逼自己用英文表达；同时每周三晚上去参加世界友人互动交流派对，在派对上主动发言请教问题；充分利用在语言班学习的时间，勤学苦练，经过几个月的努力，他顺利通过了语言班的所有考试。

疫情逆飞，申博过程中一波三折

经过最初的磨合，刘宏堃在澳洲的留学生活开始变得如鱼得水起来，不仅能够用英语畅通无阻地表达，而且在学业上也取得了骄人的成绩。在硕士即将毕业的当口，他迎来了一个非常难得的机会：曾经的母校青岛农业大学与澳大利亚莫道克大学制订了博士联合培养计划，他一直与母校导师保持着联系，导师认为他非常适合这个项目。在导师的推荐下，他着手准备申请材料，只等最后一个学期的实习结束后就可以顺利读博。

　　然而，突然暴发的疫情打乱了所有计划。疫情暴发初期，正是澳洲学校的暑假，刘宏堃在家焦急地观望形势的变化。2020年2月1日，澳洲政府对中国下达了国际旅行禁令，如果再不回澳，他将会被皇家墨尔本理工大学推迟毕业，也会错过莫道克大学的申博进程。为了梦想中的学校，为了心中的理想，他选择"铤而走险"，先去泰国中转14天，再转机到澳洲。

　　在泰国期间，他争分夺秒地撰写博士研究计划书，并于2月23日顺利回到澳洲。只要实习顺利，就不会影响申博。然而好事总是多磨，3月20日，澳洲下达封国令，已经顺利开展了三周的实习工作因为医院升级疫情防控措施而被迫中止，他再次面临推迟毕业的风险，延迟毕业就无法参与博士联合培养计划。为了能够如期毕业、顺利读博，他再次做出一个重大决定：将实习更换成研究项目，并将国内读研的课题研究经历转学分，申请提前毕业。因为提前毕业不满两年学制，他便无法用硕士学历申请工签，也无法拿到AIMS（一种专业认证证书）免试资格，但他认为，"在疫情面前这是最好的选择"。

　　目前，他已经在莫道克大学攻读博士学位。因为地广人稀，澳洲在疫情防控方面做得比较到位，刘宏堃所在的西澳已经没有本地感染者了。

真诚感恩，家人的支持是坚实后盾

　　谈到家人，刘宏堃感慨万千，由衷感谢。他说，当初一起求学的很多同学也是非常想"百尺竿头更进一步"的，只是有的因为家境问题，有的因为父母劝阻，有的被生活所迫，最终都放弃了继续求学的机会。而他的家人始终在支持他、鼓励他继续前行，不论是物质上还是精神上，都倾尽全力。

　　接到澳洲院校的offer时，他在北京的一个实验室做动物传染病预防的检测工作，整体来说还算满意，也跟专业对口。他在继续求学还是安稳工作之间犹豫不决，这时母亲的鼓励让他做出了决定。母亲希望他能够趁年轻专注于学业，不要给人生留遗憾。跟母亲的态度一样，所有家人都支持他努力求学。这也是他能够用十余年的时间专注学习的原因之一。

在求学成功的路上，刘宏堃的多位恩师也起到了至关重要的作用，尤其是在青岛农业大学读研期间，导师严谨的科研态度以及清晰的工作规划都让他受益匪浅，这也成为他日后学习与工作中的一笔宝贵财富。刘宏堃也不断说，如果当年没有考上青岛农业大学的研究生，没有老师们的鼎力相助，也就没有这次的读博机会。

除了外在动力，内在的不甘心是他能够不断克服困难、勇往直前的关键因素。大专生的起点让他一直无法释怀，他设想的人生应该是精彩而绚烂的，为此，以时间为烛，总能在持续的燃烧中涅槃重生。而这时，他才有底气说出内心的真实想法，"待我学成归来，为祖国贡献自己的力量"。

关于留学的一些建议

提及疫情对留学生生活的影响，刘宏堃针对准备申请出国留学的同学们提出了几点建议。

一、出国不是逃避，而是迎接更大的挑战。因此，你如果想要出国留学，那么一定要想清楚内心真正需要的东西，以及自己是否能够承受更大的压力。在国际舞台上，竞争只会更加激烈，所需付出的努力和投入的精力也就更多。

二、打好语言基础，养成良好的学习习惯。因为他吃过语言的亏，所以很真诚地告诫大家，并不是雅思托福考过了，就能听懂老师课堂上的表达，就可以和外国人打交道。在打好语言基础的同时，还要养成良好的学习习惯，课前主动预习，是事半功倍的好办法。

三、转变自己的学习思路。因为国外的课堂教学和国内不太一样，他们更加倾向于启发式教学，所以在学习过程中自己需要更加主动地去探索知识，并且也要懂得团结合作。

王寒：
从化学到对外英语教育，坚守一颗教育者的初心

2020 年 3 月 19 日，澳大利亚总理莫里森宣布自 20 日晚 9 点起，澳大利亚国境线封锁，除公民、永久居民和直系亲属外，其他人不许入境。此时，王寒面临回国或继续留在墨尔本的两难选择，因为一旦选择出境，就意味着短期内她无法再回澳大利亚学习、上课。经过慎重考虑，王寒决定留在澳大利亚专心学习。

疫情下的澳大利亚

或许是因为政府封锁国境的措施实行得比较早，在王寒看来，澳大利亚对于疫情的管制还是不错的。虽然封锁国境的消息搞得大多数人人心惶惶，但已经下定决心留在墨尔本的王寒很镇定，乖乖地留在家里上网课。

2020年3月到5月是澳大利亚疫情管控最为严格的时候。政府强制关闭了酒吧、健身房、电影院等非必要服务场所，餐厅和咖啡厅取消了堂食服务，只允许打包和外卖，呼吁所有居民外出佩戴口罩，保持安全社交距离。除了公共场所，政府不建议家庭举办集会，每个家庭最好不要超过2个人共同居住。

随着确诊人数的逐渐减少，对于公共场所以及家庭聚会的要求也逐渐放宽。原本可以举办5人以内的家庭小聚会逐渐放松至可以举办10人或10人以上的家庭集会。商业和境内旅游也在逐步恢复。

然而到了7月，澳大利亚冬季来临，疫情又有了抬头的趋势，每天都有几百例确诊病例的增加。王寒的很多朋友都选择了回国，"一开始，政府推出了无条件申请减租的政策，有很多租房机构可以帮助租客跟房东交涉申请减租。后来政府又推出了无条件免租政策，比如像我这样的留学生如果打算回国，就可以直接退房，不需要赔付任何违约金，只要把房子清扫干净即可"。

对于王寒而言，最难过的其实是疫情初期。"那时候药店里卖的消毒用品和口罩特别少还特别贵，一袋50个一次性口罩要卖到60或70澳元，甚至有的会卖到100澳元。"王寒回忆道，"后来，中国大使馆很快就给我们这些留学生发放了防疫物资，有口罩、消毒湿巾什么的，而且发放了好几轮。现在物资已经没有这么紧缺了，消毒用品和口罩药店也能买到，价格也没那么贵了。"

物资缺乏是次要的，家人的担忧是王寒最为关心的。"其实我也想过要回国的。"王寒说，"因为那时候澳大利亚疫情很严重，我跟我爸妈每天都会打电话、打视频。幸亏澳洲这里跟中国时差不是很多，还挺方便的。而且听说回国上网课的话可能会卡顿，于是我就决定还是留在这里好好学习。"

从化学到对外英语教育（Tesol），坚持教育的初心

从小，王寒就有个当老师的梦想。小时候王寒最开心的事就是去奶奶家玩。奶奶家在一个大院里，大院里有很多小孩，王寒算是大院里的"大孩子"。拿着妈妈给她买的小粉笔，王寒一笔一画地教大院里小孩子们学自己当天学的知识，小孩子们敬佩、崇拜的目光让王寒"成就感爆棚"。"当时就觉得当老师好开心啊！"王寒笑着说。

然而，本科因为调剂，王寒与自己最心爱的英语专业失之交臂，不得已选择了化学专业。"因祸得福"，这个专业开设的师范方向，让王寒积累了一些教育方面的知识。也为之后申请 Tesol 专业打下基础。"还是挺幸运的，我是我们化学专业这个师范方向的最后一届学生了。之后就没有这个方向了。"王寒说。

大四下半学期，王寒开始着手准备留学申请。时间非常紧迫，这一度让她后悔为什么没有早些准备。"我曾经去英国剑桥大学参加过暑校，当时觉得英国的教育模式挺适合我的，就一直很想去英国，但等到开始准备的时候才发现已经晚了。"王寒遗憾地说。英国大多数院校申请时间一般设在 7 月至 12 月，以便让学生来年 9 月能够顺利入学，错过就只能再等一年。最终，王寒申请了入学时间更为灵活的澳洲高校，并最终获得了墨尔本大学 Tesol 专业的 offer。

刚过 23 岁生日的王寒，希望新的一年更加红火

在多元教育中寻求突破

2020 年 3 月，王寒正式入学。虽然自己在本科阶段积累了一些教育知识的基础，但她还是感到学习有些吃力。全英语授课方式的不习惯，复杂的论文写作及文献引用格式，晦涩深奥的教育理念都让她有些力不从心。授课老师飞快的语速让王寒觉得连弯腰捡个笔的机会都没有，仿佛那么一瞬的工夫都会漏掉知识点。4 月份学校封锁，课程全面改在线上进行的消息对于王寒来说是个"拯救"，"网课的内容可以反复观看，反复听，最后总能明白老师所说的内容"。

虽然缺少一些线下互动，但王寒对于澳洲大学的教育方式还是很有感触的。在她看来，澳洲大学的课堂氛围更加自由，学生可以随意向老师提问，哪怕这个问题跟课堂主题并不相干，老师也会非常高兴地回答同学们的问题。在小组讨论的时候，老师也不会干涉学生的话题内容或者限制话题范围。"给我感触最多的就是我曾经上过的一门叫批判性思维（Critical Thinking）的课。"王寒说，"我记得有次我问老师一个问题：如果学生在课堂上讨论的内容跑题了或者在闲聊，这个时候该怎么办？需要阻止吗？老师反问我，为什么要去阻止他们呢？我当时一愣，觉得上课不就是应该讨论一些相关话题吗？老师说他们讨论的其他话题表面上似乎与课堂话题没有什么相关，但其实也可以说是有联系的，不要限制学生的发挥，要让他们畅所欲言。"

跟每一个刚来异国他乡求学的留学生一样，王寒的英语口语最初也不是非常流利，在课堂发言的时候表达得不会特别顺。但她的老师和同学都非常有耐心，经常鼓励她完整表达自己的观点，他们很少会对自己说话的方式或者内容进行纠错。"这可能是跟我们学习教育有关系吧。"王寒表示，"所谓教育就没有绝对的对与错，它是跟随着时代一起改变的。"

此外，社会情感学习也是澳洲教育中非常强调的一点。社会情感学习是近年来教育界课程学习的新趋势，由美国 CASEL 组织最先提出。它强调要关注学生的情感方面，面对不同种族、不同文化背景的学生的情绪状态做出相应的反应，设立合适的目标，获得解决问题的技能，并做出负责任的决定，以维持良好的人际关系。这对于王寒来说就是个"听天书"的过程，"在国内，我每天都是为了考试而学习，完全不了解这方面的内容，我就像个小学生一样，什么都不懂"。

如今，王寒依然在墨尔本生活。疫情虽然给她的出行增添了许多不便，限制了她对澳大利亚的"探索"，但同时也给予了她一些馈赠。原本"十指不沾阳春水"的她变身大厨，一道道美食信手拈来。"我原来在家也就会煮个泡面。我妈妈还特别发愁我去了国外该怎么生活，现在什么毛血旺、椒麻鸡、排骨饭我都会做，偶尔还会来个蛋糕什么的，就连家人都会说一句'不愧是在新东方墨尔本分校上学的'。"王寒笑着说。

未来，王寒打算先观望一下澳洲有没有合适的工作，如果没有心仪的选择，就准备到国内的教育机构或者学校"碰碰运气"。"其实我也想过要去读博士，但是读博士需要论文，而我目前还没有，这个就有点麻烦，也让我很纠结。"王寒显得有些发愁，"不过目前还是想先工作积累一下工作经验，再考虑后面的事情。"

关于留学的一些建议

一、一定要早准备，不要像我一样因为时间紧迫而无法申请心仪国家的学校。另外，不要跟风选专业。很多同学都会选择金融、会计之类的热门商科专业，要想好自己未来希望从事的职业或者方向，按照这个方向选择留学专业。现在网络信息这么丰富，多查查资料，平时多跟学长学姐打听课程设置，不要到时候再想转专业，转不成就尴尬了。

二、要认真对待自己的GPA。我有一些同学刚进大学的时候不知道自己未来要干什么，后来想出国，但是他们大一大二的GPA不好，从而导致整体GPA比较低无法出国留学，这就得不偿失了。

王砚香：
"双非"背景逆袭英国名校，美丽的花在坚韧之中盛开

　　即将毕业的王砚香现在有些忙碌，身在英国的她除了要完成自身繁重的学业，每个周末还要倒着时差为国内的学生们上英语课。王砚香经常自嘲承受的压力从来都不是外界给予的，而是自己附加的。正如常言所说：有时候不逼自己一把，你都不知道自己有多优秀。

留学，对人生的另一种谱写

　　2020 年 10 月，王砚香只身前往英国爱丁堡大学，在宿舍里上网课。

既然都是上网课，那为什么要去英国呢？在国内不好吗？她觉得，还是不一样。"其实我在国内上过一个月的网课，当时觉得太无聊了，就想去英国上网课，感觉一定会有不一样的体验。"

在王砚香看来，爱丁堡是一座非常美丽的城市。因为当地人口不多，所以疫情相对没那么严重，物资也很充足，只要保持社交距离就没有那么危险。这里的人也很友善，会互相帮助。走在爱丁堡的街上，从城市到居民，王砚香都有一种被治愈的感觉。

虽然没能与同学们在课堂上相见，但住在学校宿舍的她还是有很多和外国校友们沟通的机会。"我们宿舍楼里有个'百人大厨房'，楼里的学生都可以使用。2020年圣诞节，这里还开了个大party，每个人做了一道菜，然后大家一起品尝。那天大概有40多个同学参加，菜品从桌子这头摆到那头，大家可以尝到来自世界各地的菜，当然我还是觉得中国同学做的饭更好吃。"王砚香笑道。

此外，异国的生活让她接触到了更多的信息。同步接收两个国家的报道让她学会独立思考，能辨别出信息在传播过程中是否存在夸张的成分，也让她对事件的评论有了更为客观的分析和判断。"在这个信息爆炸的时代，我们每天都会接触到铺天盖地的信息，并站在不同的立场评论同一件事情。学会分辨信息的真伪，不被表面现象所迷惑，找到真正有用的信息至关重要。在这里，批判性思维的培养与锻炼，对于我来说是一个非常宝贵的财富。"王砚香表示。

如今，王砚香感觉自己的视野比以往更加开阔了。在国内时，她只聚焦于中国的新闻与发展，而现在她关注的是整个世界。每一个国家都会有各自发展的状态与方向，王砚香学着观察各国人的思维和生活方式，思考他们行为背后的逻辑，自己看待问题的视角也变得更加多元。"在这里生活的时间虽然很短，但我觉得我的人生观、价值观以及世界观得到了重新的塑造。"王砚香感叹道，"我很珍惜留在这里的时间，整个留学过程一点儿都不后悔，即使是在疫情的情况下，我也觉得非常值得。"直到今日，她都无比感谢当初下定决心要出国留学的自己。

王砚香在英国爱丁堡度过圣诞节

逆袭，听梦想开花的声音

由于高考发挥失常，王砚香去了一所她并不满意的本科院校。大一刚开学的时候，她就下定决心这四年一定要过得精彩、充实，不能荒废。一次机缘巧合，她参加了新东方的讲座，主讲老师毕业于英国爱丁堡大学教育学专业。在讲座上，那位老师讲述了自己在爱丁堡大学生活的点点滴滴、英国的教育方式以及爱丁堡绝美的风景。这场演讲给王砚香留下了深刻的印象，她想去留学，想去爱丁堡大学深造。

爱丁堡大学创建于1583年，位于苏格兰首府爱丁堡市，是英语世界第六古老的大学。作为一所公立研究型大学，爱丁堡大学在英国排名很靠前，仅次于牛津大学、伦敦大学学院和剑桥大学。在众多国际高校排名中，爱丁堡大学也位居前列，在 2021QS 世界大学排名第 20 位。爱丁堡大学有 400 多年的历史，很多对人类社会发展做出突出贡献的人物也毕业于此校，例如生物学家查尔斯·达尔文、哲学家大卫·休谟、作家阿瑟·柯南·道尔、经济学家詹姆斯·莫里斯、医学家钟南山等。爱丁堡大学的国际生比例高达 37.5%，其深受中国留学生欢迎，在 2020 年申请季中，学校就接收到了近 6 万名中国学生的留学申请。然而该校的录取选拔机制非常严格，每年新生的录取比例在 10% ~ 11%，是英国大学中入学竞争最为激烈、申请难度很大的大学之一。

作为一名"双非院校"的学生，王砚香想要申请世界名校的研究生，就意味着她要跟来自清北复交以及全国所有优秀的申请者一起竞争。这听起来就像天方夜谭，但她并没有立刻否定自己，而是把爱丁堡大学当作自己奋斗的目标，每当想要放弃的时候，她就会在心里一遍一遍地默想，然后继续坚持走下去。"这也许就是梦想的力量吧。"她说。

王砚香是个抗压能力和目标感都很强的人，一旦确定了目标，她就会力排万难坚持下去直到达成。刚读大一时，她就开始规划留学申请道路，把申请爱丁堡大学所需的条件详细列成一个清单，然后分解到本科四年里，分别需要在哪一年里达成什么样的目标，逐渐刻画出一个清晰的路线图，一步步前进。

为了能实现梦想，即使不喜欢本科专业，她也保持着优秀的 GPA，保证每年都能拿到奖学金。大二那年，她的课外活动范围不止局限于校园象牙塔，还参与到当地头马国际演讲俱乐部（Toastmasters）的活动中。从一开始紧张不敢说话到可以自如地用中英文进行演讲，从俱乐部会员一步步走到主席的位置上，近 100 次的公众演讲，与全国 3000 多个来自各行各业的优秀演讲爱好者接触与沟通，让她的思维和格局发生了质的蜕变。在大学校园里，她找不到与自己志同道合的人，一个人吃饭、去图书馆、参加活动已经成为常态。她曾在自己的公众号里写道："当你的身边找不到可以同行的人时，没关系，那就一个人努力。不要为了'合群'而随波逐流，刻意改变自己。所谓成长，就是不断破局的过程。离开你的舒适圈，到你不熟悉的环境里去，去呼吸新鲜的空气，去接触不同的优秀的人，听他们的言，看他们的行，慢慢的，你也会被耳濡目染地影响，成为更好的人。"

王砚香参与头马演讲俱乐部活动并用英文演讲

未来，光明就在眼前

王砚香本科就读国际经济与贸易专业。当时她选择国际经济与贸易专业是觉得这个专业会比较有趣，"毕竟可能要跟全世界各地的人做贸易"，她解释道。而她本身对英语也有着浓厚的兴趣，高考英语更是获得了接近满分的成绩。然而，等到入学后她才发现自己对这个专业并不感兴趣，所学的也不是她擅长的领域。"其实这个专业领域还是比较广泛的，包含会计、管理、法律以及宏观经济学、微观经济学等，但这不是我今后想要发展的方向。"王砚香说。

凭借优秀的英语水平，王砚香入学后不久就利用课余时间开始从事雅思助教的工作，随后又担任课外培训机构的英语老师。由于父亲是一位书法老师，耳濡目染下，王砚香对于教育一直保持着好感。3年的演讲俱乐部以及英语教学经历使她加深了对教育的兴趣，并决定今后将教育学作为继续深造的方向。"在研究生阶段，我选择幼儿及青少年的教育心理学作为我的深造方向，因为我觉得在人们小的时候对英语会有比较浓厚的兴趣和探索的动力。在教学过程中，我们可以使用很多方法、手法和理念来引导他们保持自我学习的内驱力，希望能让更多的孩子拥有全球视野，敢于探索这个世界。"谈到转专业，王砚香这样解释道。

理想很丰满，现实的学业还是要完成的。王砚香的英语很好，但在爱丁堡大学学习的过程中她还是感到吃力，教授所讲的内容她并不能保证100%听懂。此外，专业知识的缺乏是王砚香一直在努力补足的难点。"我是一个对自己要求非常高的人，事事追求完美，但一直保持这样的状态还是蛮累的。"她说，"现在我会适当降低一些对自己的预期值，这对于排解压力、调整心态都有很好的帮助，感觉更有利于我自己的成长。"

此外，教授们对学生个人探索能力的注重让王砚香一开始很不适应。老师经常会提出一个主题后让学生去自行探索，这需要学生在课下做大量的阅读，自己提出问题，然后自己去寻找答案。课上讨论的时候，老师更多是探讨一个开放性的问题，不会给出一个标准的对或者错的答案，同时非常关注学生对问题的思考过程。"这跟国内的教育方式很不一样。"她表示，"学校更多锻炼的是学生的批判性思维能力以及自学能力，而这正是大多数中国学生所缺乏的。"

对于下一阶段，王砚香已经做好了规划，她希望今后能继续从事教育培训工作，做一名老师。"我特别喜欢一句话：The world is small, never stop extending vision and recognition. 意思是'这个世界很小，永远不要停止对于世界边界的探索和认知'。我希望以后能成为帮助他人探索这个世界并实现梦想的人。"

关于留学的一些建议

一、首先，一定要早做准备。有了明确的目标才能有愿景去规划大学四年的时间安排，才能有信心一步一步去实现它，我觉得这个非常重要，一定不能等到大三或大四再去准备，时间非常容易来不及。

其次，如果不太了解这方面的信息的话，一定要向专业人士咨询或者寻求帮助。我当时就找到了新东方前途出国，我的每一个老师都特别专业、特别负责，在留学过程中给予了我很大的帮助，这让我感到非常幸运。毕竟留学是一个复杂的过程，找到一个很好的平台去实现它还是很重要的。

二、一定要打磨好硬实力，比如英语。对于出国留学而言，语言的重要性无须多说，这个硬实力打磨好了，不论是对于日后的考试还是学习都是一个很加分的工具，英语很大程度上决定了留学后的生活状态。同时，也不能缺少对于"软实力"的培养，比如多去参加社会活动和实习，锻炼自己的沟通力、演讲力、领导力、领导力、组织力，这些都是英国院校所看重的。唯有"双管齐下"，才能逐渐成长为一个拥有综合实力的优秀留学生，希望所有的小伙伴都可以朝着自己的梦想不断进发，我在大洋彼岸等着你们！

刘峰：
人生是一条射线，在无线光通信领域越走越远

2020 年 10 月 26 日，刘峰踏上了奔赴英国的航班，正式开启他的留学生涯。怀着对学业的热爱，整个本科期间，他没有放松过一刻，把时间变成一把刀，不断自我雕琢，但在拿到伦敦大学学院研究生 offer 的那一刻，他却只是说："我感觉自己很幸运。"如今，他已经成功拿到牛津大学的博士 offer，在无线光通信领域越走越远。

转专业后发现兴趣所在

河北衡水中学以高录取率、高强度管理而闻名，刘峰曾就读的高中——河北正中实验中学也比较"衡化"。高考成绩出来后，一心只读圣贤书的他在选择专业时一脸迷茫，在周围人的影响下，他填报了东南大学的土木工程专业。

到了大学之后，接触的信息渐渐多起来，他逐渐认识到，自己对当初随便选的这个专业并无多大兴趣。虽然他能够学得很好，但内心的挣扎越来越强烈，于是大二的时候，他选择了转专业，从头开始学习。"当初转向信息工程专业时，我并不确定自己是否喜欢，只是出于一个很实际的理由，那就是就业前景广阔。"谈及转到信息工程专业的原因，他颇感遗憾，"其实以我的高考成绩，一开始就报考信息工程专业也是可以的，但是却没有报，走了小小的一段弯路。"

不过在不断的学习探索中，他发现自己对信息工程专业的相关知识越来越感兴趣，在学习过程中也越来越愿意主动去挖掘和掌握这一领域的新知识。信息工程专业主要学习各种类型模拟与数字信息传输过程、信息的采集与处理相关技术、协议、传输安全等内容，涉及计算机信息技术、通信系统原理、电磁场、信息获取与检测等众多核心知识领域，对数学、物理、电路理论、信号理论、电子技术、计算机科学和技术等方面的知识有很高的要求，就业领域包含电路设计、系统分析、系统运行、研制开发等，是目前国家大力扶持和重点培养的专业领域之一。

选定专业后深种的留学梦

虽然东南大学的信息工程专业实力很强，但是从国际教育层面来说，不论是教学资源还是师资力量，其与英美部分院校还存在一定的差距，这也是刘峰留学梦深种的原因所在。他从大二便开始下意识地为出国留学做准备，除了保持优异的专业成绩之外，空余时间，他几乎全用在课题研究和实习当中，这也为他成功申请留学打下了良好基础。

他的目标院校一直以英美国家为主。不得不承认，英美国家在高等教育领域存在优势，2021年QS世界大学排名中，排名前100的院校以英美国家为主，并且各个院校的专业领域都很出彩，很多诺贝尔奖获得者都选择在这些院校中从事学术研究，传道授业解惑。刘峰也是因为仰慕英美国家的师资力量和教学资源，所以在申请过程中针对这些国家所看重的软实力部分进行了充分的准备。

留学准备阶段，他设想的就读国家是美国，不过因为疫情和国际局势的变动，在申请阶段，他将方向侧重到英国、中国香港和新加坡这几个区域。"新加坡离家比较近，没有时差，所以一开始我也是很期待的"，后来他最先拿到的是香港大学的offer，但是要求缴纳留位费，在持续的等待中，英国伦敦大学学院的offer姗姗而来，他得偿所愿。

谈到申请成功，刘峰认为有两段实习经历助力很大。其中之一是东南大学MEMS（微电子机械系统）教育部重点实验室的实习经历，当时应学长邀请，他参加了实验室正在进行的一个科研项目，之后一年多的时间都专注于此。这个项目在实施期间升级为国家级创新科研项目，并且成功申请了一项专利，他在这个过程中也收获了满满的成就感。第二段是他自己的毕业设计项目，"基于VLC&FSO的高速列车通信网络研究"，虽然是基于毕业设计来进行的项目，但是在这个过程中，他发现自己对此兴趣浓厚，很想继续就这个课题进行研究，于是跟导师商量之后，他在导师的带领下，毕业之后继续研究这个项目。在大学本科毕业后的那个暑假，他在两个多月的时间里一直坚持科研，"我在一个月的时间里看了几十篇论文，在大量的阅读中收获了很多，"刘峰在谈到这段经历时称，"我觉得这种机会大家都会有，但是真正想提升自己的话，还是需要一些主观能动性。"

付出总会有收获，就像他主动争取来的这段科研经历，虽然这个过程充满辛苦，但是这不仅为他申请留学提供了助力，甚至对现在的博士申请也助益良多。"牛津大学的一位老师正在进行的课题与我这段科研课题非常符合，而我在申博套磁的过程中表现很积极，这段科研经历对我成功拿到牛津大学博士 offer 起到了重要作用。"

疫情下的英国留学生活

对于是在国内上网课还是赴英国留学，刘峰与父母之间的意见有些分歧，父母因为疫情现状，希望他能够留在国内上网课，但最终他说服了父母，在开学一个月后到达英国。"之所以拖了一个月才过来，是因为当时南京的一个国际会议跟我所投递的一篇论文相关，我想参加会议，就耽搁了一些时间。"

刚到英国的时候难免会有些孤独，所幸租住的公寓里还有一起住的室友，同龄人之间共同话题也很多。他自己会做饭，在避免了很多饮食文化差异的同时，还能体会到自给自足的乐趣。除了生活中的心理状态外，很多人遭遇的语言问题也同样困扰着他，"因为知道自己英语说得不够好，所以很多事情我都会选择自己解决，这在无形中也锻炼了自己的独立性"。

虽然英国的疫情有反复，但刘峰说，其实英国本土的疫情远没有想象中那么可怕，公共场合的疫情防控还是很到位的，唯一遗憾的就是很多大型博物馆等都被关闭，无法前去参观。他觉得疫情期间出国留学最主要的就是要做好自我防范，这样被感染的概率也会大大降低。

"现在我每周除了出去采购食材和日用品，基本不会出门。"虽然出门的机会少，但只要走在英国的街道上，来自周围建筑的视觉冲击以及行人的言谈举止都会让刘峰深刻感受到留学的意义，这是人生全新的旅程。"以前看电影，总能够感觉到英国文化底蕴中绅士的一面，这也一直是我心向往之的一点。"

怀抱初心梦想教书育人

虽然对英国的学术成就和教学资源很认可，但谈到未来的职业规划，刘峰却说，他一直以来的打算都是学成之后回国就业，颇有"师夷长技以制夷"的豪情。指导他毕业设计的导师非常儒雅，是一个一心做学术、真心希望学生成才成人的好老师，对他的择业观产生了很大的影响。"我觉得如果将来能成为他那样的人，对我来说是特别有意义的一件事情。"

他希望等自己博士毕业之后，能够顺利地回国做研究，"我梦想中的职业就是去大学教书育人"。不过导师也告诉他，现在大学教师的门槛很高，以东南大学为例，本科必须是985，同时具备海外留学经历，这些还只是基础的硬性要求。因此，为了能够实现自己的职业理想，他在申博的过程中更加有动力，成功拿到牛津大学博士offer，让他距离自己的梦想又近了一步。

目前他还在积极申请CSC（国家留学基金委奖学金），即国家公派留学人员，只要申请成功，就可以获得基金委资助的生活费甚至学费、国际往返机票和签证等其他费用，能在很大程度上减轻留学的经济负担。虽然申请CSC的条件是读完博要回国工作一定时间后才能实现职业自由，但对于刘峰来说，这跟自己未来的职业规划方向并不冲突。"做有用的人，做有意义的事，这就是我的初心。"

脚踏实地，才能仰望星空。正是因为对未来拥有坚定不移的信念，刘峰才能够始终坚持、持续发力。从县城走向万里之外的英国，他只用了四年多的时间，而从孜孜不倦的求学者，到无线通信领域的集大成者，他决定用余生去一步一步实现。

关于留学的一些建议

关于留学，刘峰为当前想要申请留学或者正在申请留学的同学提出了一些实用的小建议。

一、一定要加强自己的均分。从当前的一些统计数据来看，英国院校会比美国院校更注重分数，分数对申请成功与否起着重要的作用。

二、做好出国留学的时间规划。提前做好各方面的准备有百利而无一害，尤其是语言考试和口语累积。

三、多参与科研项目。刘峰的几段科研项目经历在其申请 offer 的过程中成为一大亮点，所以他也建议正在申请留学的同学们加强这一部分的精力投入，这样能够有效增加申请成功的概率。

四、多与导师交流、合作。机会是需要自己主动去寻找和把握的，而且老师很喜欢主动探索发问的学生，在合作中也更愿意为其提供学习和成长的机会。

易鸣：
考研之后再出国，求学深造的路不止一条

　　2020 年 10 月，英国的疫情开始出现反复，易鸣却毅然决然地选择"逆飞"，为了心中的理想奔赴异国。回首过去几个月，从考研结束后紧急申请海外院校，到最后拿到目标院校帝国理工大学的 offer，过程虽惊心动魄，但结果皆大欢喜。

考研失意，紧急申请出国

易鸣对生物专业的热爱源自高中时期。高三时，她就读的外国语学校为学生提供了很多大学保送名额，但接受保送的话就只能选择语言类专业。为了学习生物，她放弃了保送机会，自愿参加高考，并如愿进入安徽大学生物科学专业学习。

本科期间，她参加过中国科学院上海生命科学研究所的一次夏令营活动，在这个过程中，她发现自己对这个机构的研究课题非常感兴趣，因此很想加入其中。不过虽然在夏令营活动中她表现优异、获得奖项，但遗憾的是并未拿到保研名额。为了进入心目中的理想院校，她选择再试一次，尝试考研。但由于疫情影响，竞争激烈，考研成绩不是很理想。

中国科学院上海生命科学研究所

易鸣中学阶段一直读的是外国语学校，她英语基础很好，而且身边的同学陆续有人出国，有些甚至高中阶段就开始留学。虽然父母也一直在考虑送她出国，但直到考研调剂结束后，一家人才开始认真商量、真正下决心让她申请海外院校。"当时我们在再次考研还是出国留学之间犹豫不决，考虑到疫情，2021年的考研竞争只会更加激烈，而申请海外院校的话，相对考研来说机遇会更好。"

计划赶不上变化。就在她和父母商定一边备战二次考研，一边开始准备2021学年的留学申请时，留学机构的老师告诉她，很多学校2020年秋季入学的申请通道仍在开放，抓紧时间申请的话还来得及。当时已经是2020年5月底，此时的易鸣还没有语言成绩，于是择校、写文书、准备语言考试齐头并进，每一天都过得紧张而充实。

实力加持，步入理想院校

从决定申请留学，到提交申请，中间只有20余天的时间。2020年6月18日，她正式提交申请，并在当天就收到了爱丁堡大学的offer，随后多个offer陆陆续续到来。两个月后，帝国理工大学给她发来了无条件录取通知，而这正是她梦寐以求的目标院校，多年的实力累积在努力的加持下终于开花结果。

她在谈及留学意愿时说："其实高中时期我就曾参加过出国交换游学的活动，父母希望我能够提前感受一下留学的氛围。但我个人还是希望自己能够在人生观、价值观以及独立性方面更成熟一些的时候再出国，同时也希望自己能够在国内先打好专业基础，再出国精进。能够在这个阶段出国留学，也算是计划之中吧！"

谈到之所以能够在这么短的时间内顺利申请到理想的海外院校，易鸣表示，这一方面是得益于多年外国语学校教育为自己打下的坚实语言基础，让自己能够轻松度过语言关；另一方面，本科期间基于兴趣而进行的科研经历也给自己加分不少；最重要的一点，是她的父母一直在关注留学动态，并帮她提前准备了很多有用的信息，因而少走弯路、节省了不少时间。

10月，英国院校陆续开学，同时英国第二轮疫情的暴发也已经开始，家人劝她在国内先上一学期的网课再过去。但她考虑到自身专业的特殊性，会涉及很多实验室操作部分，如果留在国内，肯定没有机会进入实验室，为此，她赶着直飞航班开通的契机，顺利抵达英国。

帝国理工大学是英国 G5 院校之一，位于伦敦的中心区，是一个开放式大学，由众多分散的校区组成，但大部分院系在南肯辛顿宫（South Kensington）校区，位于英国伦敦久负盛名的海德公园南边和皇家阿尔伯特大堂旁。这里也是伦敦文化与历史交融的地带，英国很多知名的博物馆

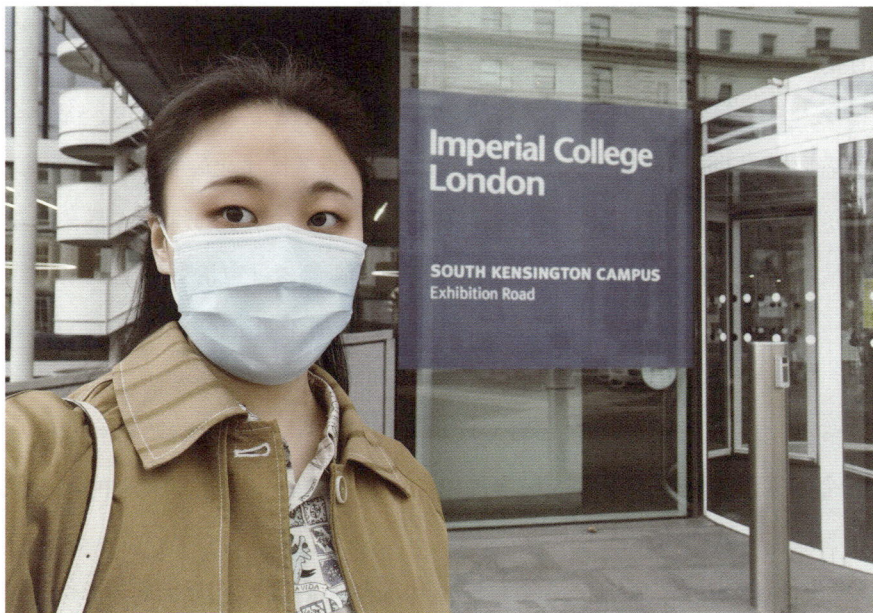

易鸣在伦敦

都坐落于此。帝国理工大学的第二大校区位于伦敦怀特城（White City），作为帝国理工的创新基地使用。除此之外，帝国理工还有七个小的分校区，离医院很近，主要是便于医学教学和研究生科研与实验。而且帝国理工大学的学术氛围十分开放，因为紧挨着皇家音乐学院，所以校方鼓励两校学生互相选修课程并承认学分。

因为疫情原因，学校没有全面开放，除了去实验室，易鸣还没机会好好地参观学校，目前在她看来，帝国理工大学虽然占地面积较小，却有着世界顶尖的科技资源和精英人才。尤其是老师和同学们都非常有耐心，愿意答疑解惑。

疫情影响，体验别样"云课"

易鸣所学的专业属于研究型，在课程设置和教育形式上跟授课型硕士有很大区别。授课型硕士课堂通常采用讲课、研讨、实习、导师个别辅导和个人自学等学习方式。平时按照老师的要求交论文或研究报告，部分学科需要通过期末考试，评分根据论文和平时的考试决定，修满学分即可。而研究型硕士课程则很像英国的博士研究，是完全独立的研究体系，会根据最后的研究报告评分。若研究进度令校方满意，可申请继续进行博士研究。因此，研究型硕士的研究结果可被看成是博士研究的一部分。

她目前硕士阶段的研究任务是要在一年学制内完成两个研究项目，学习节奏比较快。"我现在每周有一次组会，周内还会有一次线上讨论会议。虽然英国因为疫情原因不能正常进校上课，但实验室是正常开放的，我们需要做实验的话随时都可以去。"

同样因为疫情原因，易鸣与老师和同学们尚未正式见面，"唯一见到的是实验室里的两位师姐"。这种别样的"云课堂"及老师、同学变网友的别样体验，对于易鸣来说反而存在几分趣味性的神秘感。她是一个独立性和适应能力都很强的人，自己租住了一个单间公寓，平时自己做饭，在忙碌的学习之余看看综艺、听听相声，倒也自得其乐，初到英国时的乍然不适早已被习惯取代。

不过，易鸣也提到，虽然自己对一切都很适应，刚开始上课的时候还是会遇到一些难懂的专业词汇，但老师和同学们都会很及时地提供帮助，而语言环境的熏陶也能帮助自己快速进步，"所以我不后悔选择到英国本土来上学，这跟在国内'闭门造车'还是很不一样的"。

期待春天，奔赴明朗未来

对于未来，易鸣也想得非常清楚，当初因为热爱生物专业而放弃保送，如今更是想要在这个专业领域进一步深造，探索更多的生物奥秘。"目前我正在规划读博的一些事情，希望一切进展顺利。"在学历不停"内卷"的当下，父母也期望她进一步深造，这不仅是因为尊重她所热爱的专业，也是希望能够有一份高学历来为她的未来保驾护航。

易鸣在谈到学术问题的时候非常专业，不过生活中的易鸣也是一位俏皮的女孩子，她曾担任安徽大学云裳汉服社副社长，对汉服情有独钟。飞往英国时，她还不远随身带了两套汉服，想将国粹文化传递至海外，"只是我到现在都没有机会穿出去"。

当初买好飞往英国的机票后，她就在网上寻找同航班的人，很幸运地找到了一个跟自己同专业的同学，同龄人在一起，很快就能打成一片，免去了很多孤单时刻。当前英国的疫情管控措施虽然比较严格，但易鸣发现，不戴口罩的人还是很多，所以安全起见，她除了采购和做实验，平时很少出门，"很期待疫情快点结束"。英国的整体气候温和，春夏季的中央公园有着一望无际的翠绿草坪，繁花盛开的季节，很适合出游。她说等天气暖和起来的时候，自己会到各个风景地"打卡"，有时候，"读万卷书不如行万里路"。

穿上汉服的易鸣

关于留学的一些建议

易鸣在申请留学方面也总结出了一些很实用的经验，想要分享给正处于留学迷茫期或者正在申请留学的学弟学妹们。

一、如果已经决定好出国留学，一定要早谋划早行动，提前开始做准备，提前了解相关信息，这样能够有效节省时间，而且可以避免错过更好的院校。

二、针对自己感兴趣的方向，积极参与实习工作、参加科研项目，以便丰富简历，这能够在很大程度上提升申请成功率。

三、早点准备语言成绩。在国外留学，无论是上课、阅读文献还是做实验，都需要非常扎实的英语基础，语言是非常重要的一环。可以通过阅读一些英文教材或文献提升自己的专业英语水平。

四、可以找一个靠谱的留学机构，不仅能够为自己节省很多精力，而且可以让你少走很多弯路。

高晨旖：
两段英伦留学体验，遨游在心理学的世界中

　　和很多留学生不同的是，高晨旖 17 岁便踏上了留学的道路。她不仅在英国完成了本科的学业，而且疫情之下毅然在英国继续深造，所学专业都和心理学相关。

生活中的高晨旖

心怀医学梦，坚定走上英国留学路

由于父母的教育观念较为开明，高晨旖在中学期间就已经累积了多次游学经验，游历了不少发达国家。其中英国给她留下了深刻的印象，这里不仅拥有世界上赫赫有名的牛津大学和剑桥大学，而且学制短，教育模式也更加开放，于是一家人经过商议，决定让她本科到英国留学，以亲身体验国际教育的优劣。

2016 年，由于初到英国的高晨旖还未成年，居住在寄宿家庭，和一位英国本土的老奶奶为伴，年龄尚小的她曾经因为思乡而感到焦虑。但朝夕相伴的老奶奶给了高晨旖非常多的温暖，感到她情绪不对劲时，老奶奶就会来和她谈心。英国学校的老师也非常关注小留学生们的身心健康，考虑到中英教育体制的不同，他们都会非常耐心地予以指导和支持。在这个过程中，高晨旖的英文水平也得到了大幅度提升。

高晨旖从小就有一个成为医生的梦想，但由于政策原因，本科的她无法直接选择攻读英国的医学，考虑到临床心理学也是一个非常好的发展方向，并且在国内有非常大的发展潜力，她早早就定下了报考心理学的目标。

选择即热爱，在布里斯托的学习生活

在选择院校的问题上，高晨旖表现出了超越年龄的成熟："选择一个学校不能光看它的综合排名高不高，还要看它的专业排名高不高，两个排名相对而言比较平衡在我看来是比较理想的状态。"同时她强调，在选择时也要格外关注专业的细分方向以及课程设置，比如心理学的范围很广，有些领域是偏理论，而有些更偏科学实践一些。"这些都是大家在留学前要请教专业老师的地方。"

除了这些客观因素，高晨旖在选校时还夹杂了一些自己的喜好，"英国的大城市和小城市有着两种截然不同的生活模式，伦敦之类的大城市节奏快，整体风光不如小城市，所以我还是更偏爱小城市一些。"在这个判断条件下，她最终在拿到的五个 offer 中选择了位于英格兰西南部、隶属于罗素大学集团、著名红砖大学之一的布里斯托大学，攻读心理学专业。

英国布里斯托一景

英国大学非常注重学生独立学习的能力。以高晨旖的经历来说，心理学专业的课时数很少，但作业量很大，需要合理地安排自己的时间进行资料查找、文献阅读、论文撰写等。"课堂上只是让你对概念有大致的理解，真正能帮助你的，都需要自己花时间去钻研。"此外，"学术端正"也给她留下了深刻的印象，若有作弊、抄袭等问题，轻则面临开除，重则将会被驱逐出境。因此在学术态度方面，英国学生一向都显得格外"规矩"。

英国教育非常注重辩证思维（critical thinking）能力，这也是老师反复在课堂上强调的地方。比如在自己提出观点的时候，或者聆听他人观点甚至阅读文献的时候，它们有何优点有何缺点，都要自己思考。最开始，高晨旖也有些"摸不到门路"，甚至成绩也受到了影响。但慢慢习惯之后她发现，所谓的辩证思维并不是简单的好与不好之分，而是让你明白很多东西都不是绝对的，对于每一个观点和证据都需要辩证地去看待，不可一味尽信，也不可以完全否认，不管是好的还是不好的地方，都需要用证据证明为什么好、为什么不好，最后根据搜集到的资料分析总结得出自己的结论，而不是一味概述别人的观点和结果。

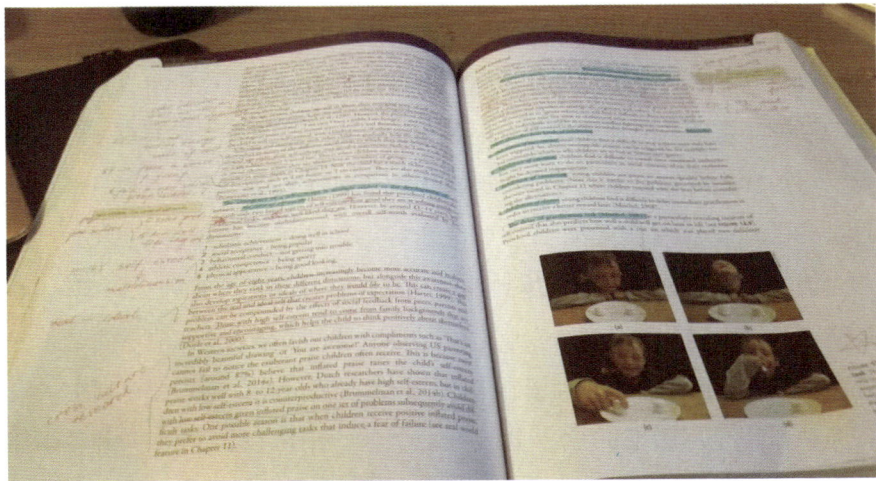

注满了笔记的课本

在海外学习和生活，互相尊重也是很重要的一部分。你要去接受世界上和你不一样的存在，尊重不一样的思想，因为每个人都是很有价值的。因此，从最初的谨慎、害怕，到后来的大胆、自信，高晨旖越来越敢于表现自己，提出自己的理论，成绩也有了大幅度飞跃。"我学会了客观看待并接受跟我不一样，或者说跟以前认知完全不同的人或事"，她也以此鼓励留学生们勇敢一些，"所谓的讨论、发言，根本没有对错之分，英国的老师和同学还会鼓励你，说出你自己才是最优解。"

简单又深奥，有趣又枯燥的心理学

逐渐习惯了在布里斯托这座小城的生活，高晨旖在英国的学习也就如鱼得水。考虑到去一个新的地方还要花时间去适应，2020年本科毕业后，高晨旖选择了研究生阶段继续在布里斯托大学深造。由于英国本科背景的加持，申请并不需要语言成绩，并且本科的学习分数认可度也非常高，更重要的是，布里斯托大学心理学研究生的课程组成也是高晨旖最喜欢的。

心理学是一门科学，拥有很庞大的分支。相比本科阶段的笼统和基础，研究生的学习更加细化和聚焦，专业性更强。高晨旖觉得自己对心理学的了解还是很有限且笼统的，因想要就更感兴趣的分支学习更多的知识点，增加自己的知识面，于是她选择了教学型研究生，希望完成一个属于自己的心理学项目。"你如果想要做项目，最好还是选择研究型的专业，相对而言会更加细化，如具体到某一个课题，且会更注重独立研究。"高晨旖说。作为容易被误解的专业之一，心理学在很多人看来有些玄幻，一说到心理学人们就会联想到读心术等。但高晨旖介绍，心理学是研究人类行为和各种因素之间的关系，涉及社会学、经济学、行为学、神经科学等多个学科，需要以很多理论以及不同的实验方法作为支撑，从中分析背后的心理现象。"心理学是一门简单又深奥，有趣又枯燥的学科，你能在里面体会到两种不同的感受，总体来说还是很有趣的。"

疫情下的留学生活

英国疫情暴发后，她紧张过一段时间，非常担心，不敢出门，也不敢和国内的父母讲太多。虽然英国网购系统完善，但是一开始对于疫情的反应较慢，导致有一段时间物资紧缺，供不应求，送货时间都需要提前预定，这给很多同学带来了压力。但现在英国已经完全适应了疫情，外加物资恢复供给，没有再出现供不应求的状况。即使现阶段还在疫情之下，但整体的学习生活相对还是稳定的。情况慢慢好转后，隔多久去一次超市、提前多久就要从网上购物，她已经熟练掌握了一套采购的技巧。

国外的中国同胞非常团结，尽管无法外出，大家还是会经常在网上聊天，谈一谈最近的状况，互相支持、缓解压力。担心学业受到影响，因此高晨旖没有选择回国，大部分时间还是在阅读文献、完成作业。布里斯托大学有一套很完善的教育系统，老师并不会要求学生一定要坐在教室里上课（实验课除外），很多课程都会有回放，也就是说同学们可以事后再拿出来看，也为疫情下的学习提供了便利。2020 年 11 月，英国的情况再次恶化，防疫制度也有了改变。"政府采取了一些手段进行限制，比如公共场所必须佩戴口罩，人与人需要保持有效的安全距离，尽管不如国内严格，但起码大家都有了意识。"

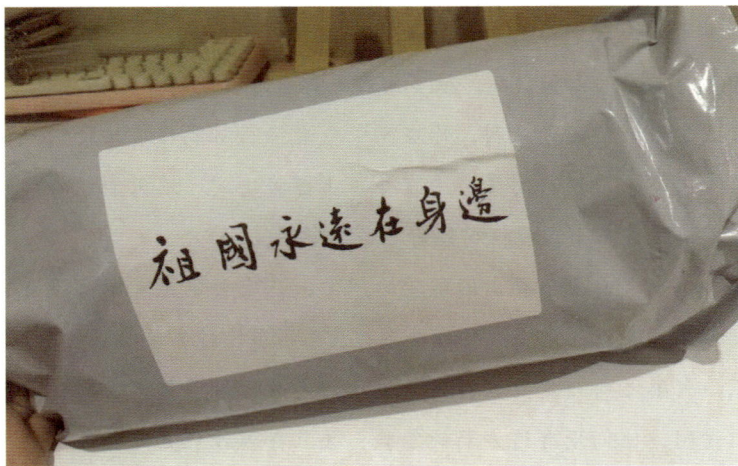

中国驻英国大使馆向留英学子发放的防疫包

随着疫苗的普及，高晨旖的心态非常乐观，她已经开始着手申请巴斯大学的心理学博士，希望在心理学领域继续深造，正在等待套磁回复。目标坚定、规划明确，相信这样一位青葱少女会在心理学的道路上走得更远更好。

关于留学的一些建议

一、在选择学校的时候，我觉得如果大家有机会一定要去看一看学校及其所在城市是什么样，之后不仅仅是学习，包括你未来多年可能都要待在那个城市生活，一定要明确你喜不喜欢那里。如果你不喜欢，之后的几年你在这个城市都会过得不开心，这无疑也会影响你的学习效率以及平时的心理状况，那就得不偿失了。

二、一定要提前了解好所学的课程是什么样的，尤其是课程组成，不论是自己查资料还是寻求专业老师帮助，都要弄清楚。有些同学来了之后才发现自己所学的专业和之前想象的不一样，各种后悔，或者在学习的过程中体会不到乐趣，并且长时间不能掌握提升成绩的方式，会导致压力过大，甚至于造成辍学、自暴自弃等不良后果。相对而言，喜欢的课程肯定能增加你的学习动力和兴趣，很多问题也都能迎刃而解了。

三、如果来英国读本科，你在高中或者预科就能提前接受到专业课的知识，英国高中或预科的学习内容基本上已经决定了你大学能够读什么专业，所以说这是一个需要提前做好准备的事情。

四、正在考虑要不要出国留学的同学，一定要首先考虑有没有自我监督的能力，或者说自觉性，因为世界的诱惑很多，你需要自己把握。

五、出国之前一定要具备独立生活的能力，很多留学生的父母可能都没有出过国，他们没有这方面的经验，并且在国外最开始也没有朋友可以帮助你，或者也没有朋友能一直帮助或者照顾你，很多事情都是要靠自己的，依赖性太强的同学需要及早调整。

六、英国大学的教育系统真的很完善，学校其实提供了很多的资源，比如设施、求职等，如果你有需求，一定要主动向老师、学校各机构部门提出来。不说的话，其实没有人会知道你正在面临的问题以及需要的帮助。

许馨文：
五年教育梦不止，做自己人生的规划师

      目前正在多伦多大学读研究生的许馨文在加拿大边境封锁前一刻得以顺利入校。从去学校上课到在家上网课，她的留学生活发生了巨大的变化。不过目标明确、善于规划的她，每一步都走得很踏实。

美本加硕，有相同也有不同

本科毕业于美国亚利桑那州立大学的许馨文，为了体验不同的教育制度、增强自己的核心竞争力，在申请研究生的时候选择了同样地处北美的加拿大。加拿大作为一个多种族国家，文化包容度很高，社会环境相比当时的美国更加稳定，同时它还具备一个得天独厚的优势：毕业后提供三年的工作签证。这些都是让对海外工作经历满怀期待的许馨文非常满意的地方。

多伦多大学

这段美国学习经历不仅让她免考语言，并且帮助她申请到了不少同学都认为的难度极大的研究生项目。成立于1827年的多伦多大学，是被公认为加拿大综合实力第一名的高等院校，其鼎鼎大名响彻世界。许馨文认为，学校所在的多伦多是大城市，可以给她带来更多的机会和资源，并且学校的名气也会让自己的未来锦上添花。

因为本科学习的教育学是比较宽泛的专业，所以在研究生阶段，许馨文选择了更偏实践、更精细化的教育心理学，一方面是出于对心理学的兴趣，另一方面也是考虑到目前这方面在国内还算是新兴领域，自己会有机会大展拳脚。当时家里也有建议她学习大热的商科，但许馨文的目标向来非常明确："我觉得自己没有经商的头脑，还是想选择自己喜欢的专业。"而谈到喜欢教育学的原因，她的答案似乎是经过了深思熟虑的："我一直认为中国的同学非常聪明，学的知识面很广，也很扎实，就是缺少一定的

风景秀丽的加拿大多伦多

灵活性和自主性。西方的教育可能在这点上会更强一些，我想去看一看，未来最好能中西结合，把教育事业发展得更好。"她的话语中透露出踌躇满志及万分坚定的态度。

由于不是第一次留学，并且美国和加拿大在教育方面存在一些相似的地方，所以许馨文适应起来非常快。但加拿大毕竟属于英联邦国家，两者在教育风格和教育方式上也有不同之处。她介绍到，美国的老师会更幽默一点儿，班上大多数都是当地学生，以教育学为例，学校会提供很多的实践机会，在课堂上需要动手的东西很多，自由开放的气氛更浓重一些；加拿大的国际学生更多，课堂上更多的是以学生自己的输出、交流和自我分享为主，更偏学术。"当然这也和学习阶段不同有关，仅供给大家参考。"许馨文笑着说。

成长无价，留学经历充满意义

高中时受身边上国际学校的同学影响，外加电视剧中对海外的美好描述，许馨文对国外生活充满了憧憬。海外的同学不断带来反馈，强调留学生活给了他们很多的提升和历练。而这一切直到她自己真正体验过，才有了真切的感受。

作为父母的掌上明珠，出国前的许馨文非常缺乏独立性，生活中所有的一切都不需要她太过担心。出国以后，很多事情都需要自己一个人完成，大到搬家，小到办电话卡，她的独立自主性在这些事情中得到培养。后来，在面对问题的时候，她发现自己不会慌张了，反而会习惯性地冷静思考如何找到最好的解决办法。在国外的社交也是很多中国同学经常遇到的问题，来自各个国家的形形色色的同学汇聚一堂，让她的社交能力一点点升级，在这个过程中她还找到了心仪的另一半。

国外的生活经历让许馨文有了更多时间去思考自己想要成为什么样的

人，对未来的整体规划思路也更加清晰。许馨文认真地表示，留学经历让自己成长了很多，给自己带来的影响是巨大的。

生活中的许馨文

疫情下的留学生活

本来许馨文的生活会这样一直顺利地进行下去，通过五年的教育学学习，她完全可以在海外找到一份理想的工作。但是突如其来的疫情，给她造成了不小的冲击。2020 年 3 月，加拿大开始实行防疫政策，学校教学改成了网络授课，公共场所也需要保持安全的社交距离，各类基础设施均关闭了，甚至无法在图书馆学习。尽管网课不存在时差，但课堂的参与感还是会有所下降，对着电脑很容易走神，气氛也远不如线下活跃。同时，生活社交方面也有了不少限制，由于不能出门，所有的物资都是网购。如有特殊原因不得不出门，她则需要全副武装，做好防护措施。

最初的一段时间，许馨文有些恐慌。好在国内的家人寄来了口罩等防疫物资，多伦多大学以及中国大使馆也给学生们免费发放了防疫包，物资方面是非常充足的，这一切都让身处异国他乡的许馨文感受到了温暖。仅用了一个月左右时间，加拿大的疫情就在各方的努力下得到了控制，整体局势稳定了下来。

加拿大政府在防疫工作方面投入巨资，要求每个人佩戴口罩，严格控制社交距离，公共场合会提供免费的消毒洗手液。许馨文回忆说，加拿大人的防疫意识其实还是蛮高的，只是没有国内做得那么规范。

临近期末，那段时间不仅是机票难买，许馨文也担心自己在飞机上会有被感染的风险，此外回国后查阅相关学习资料不是很便利，于是她选择留下来完成所有的课程。随着一切向好的形势发展，许馨文也慢慢适应了新的生活方式和学习节奏。学习上，与教授和同学通过线上沟通确保正常的学习进程。生活上，和室友互相帮助，和陌生人保持应有的社交距离，关注身边的疫情新动态，和亲人朋友保持密切的线上联系，开始在家锻炼，看书、看电影、做饭、学习新技能，等等。工作上，由于疫情的原因，只能找到线上的工作机会。总的来说，她已经从刚开始的紧张无措过渡到了井然有序的充实生活中来。

2020 年 12 月，她顺利结业。由于未来没有继续读书的计划，同时也因为许久没有回家，许馨文选择了暂时回国，一边寻找国内的发展机会，一边继续申请着加拿大的工作签证，守护自己的初心——寻找海外工作的机会。

许馨文和朋友在户外野餐

经过五年时间的教育学学习，一向逻辑清晰、目标明确的许馨文对未来有了更加具体的规划。她给自己设定了两个方向："一方面，是从事留学相关的工作，由于有两个国家的留学经历，我觉得自己是有一些经验可以传递给留学生或者马上要去留学的学生的，而且不论中国还是加拿大都有很多这样的企业，工作机会是比较多的；另一方面，我想要做一些早教工作，本科时我曾在小学和幼儿园实习过，接触到了很多小孩子，我觉得跟他们在一起相处很快乐，然后想要进一步去探索一些包括他们的智力等方面的发展课题，以帮助他们更健康地成长，这也是在研究生课程里面学到的内容，我想去尝试做一下这些方面的研究和开发。"一步一个脚印，许馨文用实际行动告诉所有人，只要不忘记初心，做好人生规划，我们就会按照目标一步步坚定地走下去。

关于留学的一些建议

一、若能有一个留学计划会比较好，在出国之前，无论是短期计划还是长期计划，哪怕不是一步一步按这个计划去实施，但是最起码要有一个目标，就是有一个方向可以让你去努力，这也算是留学的初心，这样不容易走偏。

二、做好面对困难的准备，树立解决问题的决心，不要对未知的东西太过担心，保持一个积极乐观的心态去看待。

三、尝试多交一些好朋友，到了国外有了小伙伴，整个人就会开朗起来，然后也不会很惧怕困难了。

四、有机会的话要多和外国人交流，如此才能够感受到不一样的文化，对英语的提升也会很大。

五、保持健康的生活作息，这个真的很重要。我身边的很多同学爱熬夜，因此身体就不太好。对一些有害健康的不好的东西，要坚决拒绝。

六、在上正课的同时不要忘了多参加一些社会活动、社会实践，甚至可以看一看实习工作，这对之后找工作，包括申请更多学习机会的帮助都是很大的，比如申请研究生时，实习经历都是必须有的。

群镇源：
在艺术设计中发现更好的自己

　　2020 年 3 月左右，新冠肺炎疫情在全球蔓延，美国也受到了强烈的冲击。群镇源就读的帕森斯设计学院取消线下课程，转为网课，很多同学也借此陆续回国。群镇源也买了回国的机票，然而随着美国当地以及海外疫情的加重，机票总被取消。最后，他放弃了回国，决定一直留在美国生活、学习。

疫情期间，在纽约留学的日子

距离上次回家已经有将近一年半的时间了，在这期间，群镇源只能靠网络与家人见面、沟通。他很少外出，除了去超市购买生活物资，大部分时间他都"宅"在家里上课、学习，把更多的时间和精力放在对艺术的追求上。

帕森斯设计学院的专业课一周上两次，由于要给学生留出现场设计与制作模型的时间，课时一般比较长，一次是 5 小时 40 分钟，一次是 2 小时 40 分钟。在学生的模型设计与制作过程中，老师能够更全面地看到学生作品并现场给出点评与意见。如今实施全面线上课程，他也没有觉得有什么不适应，"在家上网课能让我省去通勤的时间，还挺好的"。

群镇源的家距离学校有半小时的地铁通勤时间，平时，他需要捧着他的作品或者抱着材料去学校现场制作，请老师点评。"还挺不容易的，"他说，"我们有些作品要求不能用胶水，材料大多使用木头、纸或者泡沫板，有时候作品还挺大或者很容易散，抱着它们赶地铁还挺不方便的。上网课的话就没有这些问题了，作品都是要在家完成的。"不过，网课也有缺点。由于老师只能远程授课、从照片中观察学生作品，立体作品的完整性难以通过图片这种平面形式加以呈现，不论是老师布置作业还是学生展示作品都存在模糊的地方，这无疑会增加老师与学生的沟通时间。"尤其是当老师讲得比较投入或者激情的时候，就很容易忘记时间，常常拖堂一两个小时。"然而，群镇源觉得这样也挺不错，"感觉可以学到更多的东西，也更能体会到我们老师的责任感和对设计的热爱。"

疫情期间，群镇源每天都会跟父母沟通，互报平安。不回国的决定也得到了父母的尊重，"毕竟我从高中开始就自己一个人在美国生活了，他们也相信我有足够的能力管理好自己的生活。而且现在美国人外出基本都戴口罩了，我出门时间也比较少，所以还好。"他说。

一波三折的美高之路

一开始，群镇源并没有想过要出国读高中。小学时，他就读于一所国际学校，老师会带领他们做很多课外活动，他习惯了学业与课外活动并重的学习模式。然而，上了初中之后，学校对于成绩和排名的注重是他之前从来没有体会过的，"我觉得我的长处和特点在课外活动中能得到更好地展示"。

初二下学期，群镇源跟他的母亲表示他想出国念高中，觉得出国读书更适合他，听到这个消息的母亲马上召集全家人商讨。当听完群镇源讲述想要出国留学的原因时，父亲和母亲反复商讨，同他分析利弊，并表示可以支持他出国读高中，但是他要想清楚开弓没有回头箭，要对自己的选择负责，不能半途而废。经过慎重的思考，群镇源还是决定去美国读高中。

原本，他联系到的住家是一对比较年轻的夫妇的家庭，然而等他踏上美国之行，下了飞机之后才发现，这对夫妇听说前来住家的是一个未成年小孩的时候反悔了，新的住家则是一位60岁左右的独居意大利老奶奶的家。

这位老奶奶没有孩子，丈夫也已过世，她经常接待来自各个国家的小留学生，照顾孩子们的生活起居，负责往来接送。老一辈的意大利人家教严苛，因此在对待这些刚来美国的孩子们，老奶奶的管理方式也比较严格，比如不能熬夜，一到晚上10点孩子们的手机都要统一放在餐厅，然后去睡觉。老奶奶的厨艺也很有限，只有一道蛤蜊浓汤拿得出手，还经常发挥不稳定。在管束居多的生活下，很多孩子会选择生活一年后换一个住家，群镇源是少见的一直坚持住下去的学生。"其实这个老奶奶特别负责任，她真心把我们当自己的孩子看待、管教。每个学期，她会去学校给我们开家长会，认真对待我们的学业和生活。"他说，"因为我当时年纪比较小，玩游戏也不太知道节制，虽然心里明白这样不好，但有时候就是管不住自己，所以我觉得有个外力来约束自己还挺好的。"直到现在，群镇源跟这位老奶奶仍然保持联系，老奶奶也会时不时地关心他的生活与学习。

群镇源就读的莫尔登天主教高中位于美国波士顿。该校创立于1932年，是一所大学预备级男校。强大的师资、高水平的学术以及对学生的综合性培养使其获得"美国杰出高中"的称号。学校非常重视对学生个人的培养，因材施教，会对不同类型的学生设计不同的学术课程，在当地很有名望。

最初，群镇源并没有想往艺术方向发展，而是对很多方向进行了尝试。他加入过足球队、网球队、化学俱乐部、艺术俱乐部，还曾参与志愿活动——前往波士顿儿童科学博物馆担任节日志愿讲解员。直到11年级，他发现设计是个很有意思的事情，自己在手工方面也很有天赋，有耐心去刻画作品的每一个小细节。在2019年美国青少年艺术文学竞赛上，群镇源设计的作品获得马萨诸塞州塑像类金奖。这个奖项给予了他信心，他觉得除了申请综合性高校，或许也可以尝试申请艺术院校，走上艺术之路。

群镇源获得金奖的作品，以可持续发展为理念，使用废弃自行车胎打造的一个桌子

在顶级艺术学院的学习生活

在入学之前，群镇源从来没有想过自己能被帕森斯设计学院录取，"毕竟这所学校实在是太有名了"。帕森斯设计学院成立于 1896 年，隶属于新学院（The New School），是一所位于纽约市的艺术设计学院。在 2020 年 QS 世界艺术和设计学校排名中，帕森斯设计学院位列世界第三、全美第一。由于学校地处曼哈顿岛，每一年都会有大量著名的设计公司或者知名工作室前来招聘，在艺术设计领域中享誉盛名。学校的老师大部分是艺术领域从业者，年龄偏大且富于经验，基本都有属于自己的工作室，对行业里的设计风向了如指掌，能为学生提供非常新的理念和指导。

当初申请学校的时候，对于帕森斯设计学院，群镇源是想都不敢想的，只是因为实在不知道还能申请什么学校，就填报了帕森斯设计学院，打算"搏一搏"。他说："因为是'半路出家'，我的绘画功底非常薄弱，准备作品集也有点晚，基本上是卡着截止日期提交申请的，对于这种名校我都没想过能被录取。"然而没想到的是，帕森斯不仅给他发了 offer，还为他提供了奖学金。"相比于喜悦，其实一开始更多的是惊讶。"群镇源说，"大一一整年，我都不太能理解为什么我能被录取，感觉自己就是糊里糊涂地就进来了。"

其实，群镇源在艺术设计方面很有天分。对于他的作品，老师都会给予很高的评价，其中有一个作品还被收入校档案永久保留。"我的自信心从来不是我自己给的，都是老师或者周围人给的。我刚入学的时候觉得自己就是一个学渣，周围的人都是学霸，但没想到作品评分的时候我的分数还挺高。"群镇源笑道，"我对待每一个作品都很用心，可能是老师也能从作品中看出来哪个是被用心做好的，哪个只是被完成的吧。"

群镇源就读的专业是室内设计。帕森斯的室内设计专业在全美并不是最好的，室内设计专业全美排名第一的学校是普瑞特艺术学院。群镇源也收到了普瑞特的 offer，并且普瑞特还提供了比帕森斯更高的奖学金。然而，群镇源还是选择了后者。"帕森斯室内设计的专业排名也是比较靠前的。当时有考虑过二者可能会有差距但是应该不会太大，我更在意的是学校的教育理念。"作为一所应用艺术型学校，普瑞特更为注重设计的实际可行性，而帕森斯则会强调室内环境管理和文化敏感性的融合，为学生提供更多的空间去创新。"我觉得帕森斯有更多的可能性，应该更适合我。"他表示。

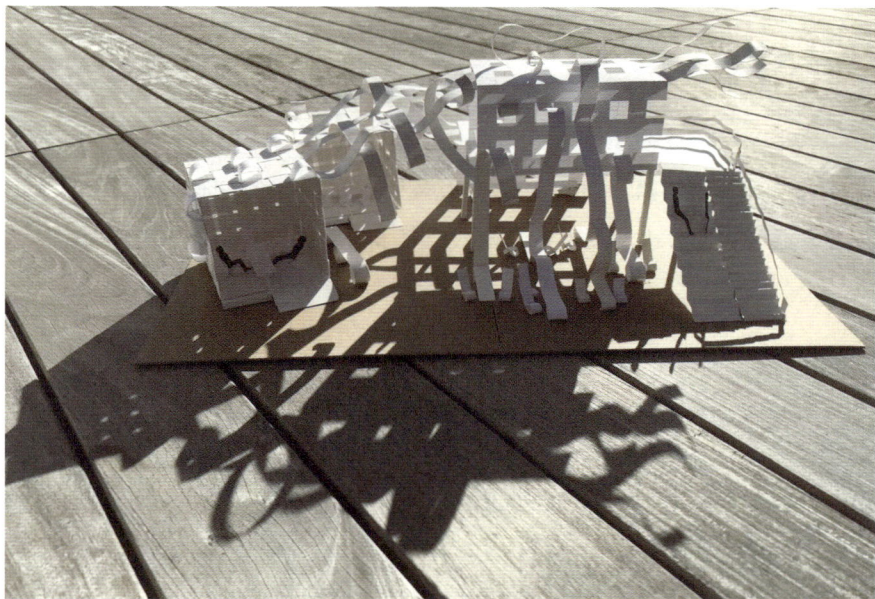

被收录进学校档案室的作品 Pop Up Tea Shop（快闪茶室），
以加工布料的手法为基础，将材料的柔软与伸展同"茶"主题相结合

对于未来，群镇源打算本科毕业后先在美国找个工作室实习，工作一段时间之后再回国。"我从没考虑毕业之后就立刻深造。"他说，"室内设计这个专业范围非常广泛，包含了很多单拎出来都能成为一个专业的学科，比如灯光设计、材料学、环保方面、色彩等。我觉得多参与实践对于

室内设计专业的学生来说非常重要，那不会比在学校学到的东西少。工作几年后，如果发现了我想要钻研或者深入学习的领域，才会考虑继续深造。对于目前，我还是做好自己的每一个设计，努力弥补自己的不足之处。"

关于留学的一些建议

虽然我是高中的时候出国留学的，但我还是建议大家最好等自己拥有比较强大的自律能力后再出国留学。如果不够自律的话，或许还是在国内读完高中再出国更好。

我很幸运，遇到了一个很负责任的住家。但其实，国外的住家水平参差不齐，再加上出国的时候如果是未成年的话，无论在价值观、生活能力或者自我管理能力上都是比较欠缺的，很容易被别人左右。

卢胜瑜：
从小深种留学梦，在父亲的期许中远赴荷兰

　　对于卢胜瑜同学来说，2020 年是他人生中比较特别的一年。这年 11 月，他在父亲饱含期许的目光中抵达荷兰阿姆斯特丹，开启全新的留学生活。

向往欧洲，深种留学梦

卢胜瑜的家在四川成都，那是一个充满生活气息的地方，有遍地的美食，也有叠嶂的山川，跟古老而洋溢着绅士风格的欧洲有着截然不同的韵味。在他一岁的时候，母亲便前往欧洲留学，虽然后来因为种种原因，母亲选择与父亲分手，但是那片土地，因为母亲曾经到达过而显得与众不同，在年幼的他心中也激起无尽的向往。

随着学识的增长，他开始有意识地关注跟欧洲相关的知识，在了解中逐渐被欧洲瑰丽的历史和能工巧匠所雕琢的建筑艺术吸引，于是他在心中种下了一颗留学的种子，随时准备萌芽。

高考后，他以优异的成绩考入电子科技大学软件工程专业，大二的时候，学校组织成立国际班，他主动参与了国际班的选拔并成功入选，于是距离留学又近了一步。在国际班上课的同学，80%都准备毕业后出国深造，并且多数从大二就开始着手准备，他也开始有意识地加强英语等学科的学习，但是对于真正出国留学这件事，他却有点儿不敢想。

他的父亲是一位退伍军人，转业到机场工作，收入并不是很高，出国留学的费用是一方面，更重要的是，这么多年他与父亲相依为命，因为母亲的缘故，他很担心父亲接受不了自己也出国留学。大三时，这件事不得不提上日程，出乎意料的是，当父亲知道他的这一想法后，不仅没有反对，反而全力支持。"那天晚上爸爸对着台灯沉默了很久，他对我说，孩子，以后不管你是回来，还是不回来，爸爸都支持你。"提起父亲当时的态度，他的语气中有心酸，也有如释重负的释然。

有了父亲的支持，卢胜瑜在追求留学梦的过程中更加如虎添翼。

无惧疫情，赴荷兰求学

虽然卢胜瑜的申请条件以及所学专业跟英美院校比较对口，但是他经过综合考虑，最终还是决定将荷兰作为目标国。一方面是因为他对于荷兰一直以来的向往，荷兰虽位于欧洲西北角，却是世界知名的发达国家；另一方面，荷兰留学的费用相对英美来说会少一些，能够为家里减轻一些负担。

他一共申请了五所大学，凭借优异的成绩和课外实践活动，他拿到了全部申请学校的 offer，并最终选择了坐落于荷兰首都的阿姆斯特丹大学，就读大数据专业。

疫情的暴发打乱了很多人的学习和生活节奏，却无法撼动他内心对留学的向往。虽然 2020 年教育部已经明文规定，因疫情原因在国内上网课的留学生不影响学历学位认证，但是在国内上了两个多月网课后，昼夜颠倒的作息让他很不适应，父亲看在眼里疼在心里，便鼓励他去荷兰当地上课，虽然还是上网课，但起码不用倒时差。在父亲的鼓励下，卢胜瑜远赴荷兰，开始留学生活。

他是一个很独立的孩子，因为成熟和孝顺所学会的生活技能在出国留学时已然成为一笔不可多得的财富，比如克服孤独，比如会做饭。因为学校的房源紧张，他只能自己租房，每天除了上网课、完成课后学习任务外，最重要的事情就是解决自己的一日三餐，此时，会做饭便显得尤其重要。从川渝之地走出来的他自带美食天赋，做饭变成了一件很享受的事情，"我周一至周五正常上网课，周末的时候会戴好口罩去超市囤货，然后做点好吃的犒劳自己一周的辛苦。"面对全新的留学生活，卢胜瑜一开始便游刃有余。

在上课方面，他觉得上网课的形式比较适合自己，因为线上课程有录播功能，不懂的地方可以反复观看，有效帮助自己度过了最初的语言适应期。

他国风情，田园与人文

虽然学习是全网课形式，但卢胜瑜提到，阿姆斯特丹大学的授课内容和授课形式与国内大学还是有很大不同的。从授课内容上来说，国内大学的课程多注重理论知识，在授课过程中与实践操作联系并不紧密；而阿姆斯特丹大学则更注重理论与实践的结合，以传授实际应用技能为主。从授课形式上来说，国内大学课堂之外的作业也多以理论为主，注重考试，而编程内容占比较少；阿姆斯特丹大学则更注重每一次教学后的实际应用操作，编程内容也是根据实际案例进行改编，每一次小组作业都可以算作是一个项目。他笑称："期末时最大的压力就是各种组队作业。"

卢胜瑜说，学校的学术氛围很浓，虽然是上网课，但是也能够充分感受到，老师是非常热爱教授课业的，并且也希望每一位同学能够充分掌握所学知识。上课的时候，会有学管进行监督，帮助自律性较差的同学完成学业。

这所大学的中国留学生并不是很多，但是他们彼此之间都很友好。在他国相遇的国人总会有种莫名的亲切感，卢胜瑜也认识了几个中国同学，平时没课时他们会一起吃吃火锅喝喝酒，想家的心情也会被稍微冲淡一些。

阿姆斯特丹有着与成都迥异的风景和地貌，作为欧洲第四大航空港，它不仅是一个金融中心，还是著名的风景旅游城市，拥有众多的旅游打卡胜地，包括历史悠久的运河网、荷兰国家博物馆、梵高博物馆、安妮之家等。在卢胜瑜看来，阿姆斯特丹是一个充满田园气息的城市，因为自然环境保护得比较好，所以空气清新，在阿姆斯特丹大学校园里，可以看到成片的、很干净的草坪，也可以伴着清澈的河流静看落日余晖。这是一所有着近400年历史的大学，几乎与阿姆斯特丹这所城市融为一体，17世纪30年代，荷兰人终于迎来了独立的黎明，阿姆斯特丹大学也同时诞生。从某种程度上来说，它的历史也是荷兰历史某个阶段的缩影。

阿姆斯特丹大学注重以人为本，它将学生称作"灵动音符"，在教学中注重对实际应用知识的传授和对科学的追求，同时学校响应荷兰政府号召，乐于吸引国际人才本地就业。为了给国际学生提供获取工作经验的机会，荷兰允许外国学生在荷兰高校毕业后三年内，申请为期一年的"求职签证"，这也是卢胜瑜选择荷兰作为留学目的国的重要原因。

阿姆斯特丹城市风景一角

怀揣梦想，去规划未来

卢胜瑜说，自己并没有继续攻读博士的打算，硕士毕业后，他会利用"求职签证"先在荷兰工作一年。阿姆斯特丹的工作机会相对较多，很多欧洲企业选择将总部设在这里，对于留学生来说，这是丰富履历、获得职场经验的好机会。

　　他所学的大数据专业是当前最热门的专业之一，作为高科技时代的产物，大数据专业的就业前景广阔，并且与当前的高精尖行业密切相关。根据中国商业联合会数据分析专业委员会统计，未来中国基础性数据分析人才缺口将达到1400万，而在BAT企业招聘的职位里，60%以上都在招大数据人才。他对未来的就业并不担心，"现在先学好，以后就不会手足无措"，在此之前，他也从事过相关行业的实习工作，并且表现很出色。

　　在专业之外，他还有一个藏在心底深处的梦想，那就是希望未来能够拥有一间属于自己的茶餐厅，"晚上七八点之后烤肉，再晚一点儿就卖手工调制的酒"，他的设想很美好，让人一听就很向往。这大概也是很多人在生活正轨之外的一点儿幻想，有点不切实际，却也充满着青春独有的蓬勃朝气。

关于留学的一些建议

　　作为拿过offer大满贯的留学生"过来人"，卢胜瑜给正在准备申请出国的同学们提出了一些实用型的建议。

　　一、提前做准备。不论是语言准备还是其他准备，一定要提前，他的首轮雅思考试成绩不是很理想，但是因为准备得比较早，所以经过系统学习后参加二轮考试，最终取得满意成绩。同时他也指出，在大学期间保持较好的GPA非常重要，这在申请中所占比重也很大。

　　二、在英语学习方面，多听多看。他平时会看看英剧以及一些英文读物，娱乐的同时增加自己对英语的感知度。他还称，看小组讨论的录播视频时，常常能发现自己的语法错误，所以环境的潜移默化也很重要，如果能提前让自己处于全英文包围的环境中，对英语能力的提升也会非常有帮助。

　　三、在准备留学之前想清楚自己究竟想要什么。他提到，留学期间的学业压力很大，这是一次全新的挑战，而非逃避现实的有效选择。如果只是为了混学分、混文凭，会过得非常痛苦，所以在留学之前，最好想清楚自己的未来规划，以及自己想要成为什么样的人。

CHAPTER 2

暂时在国内上网课的
留学生

BEYOND
OVERSEAS
STUDYING

刘宇涵:
"弃文从商",顺从自己内心的声音

在很多人眼里,文科生身上是有标签的,他们可以从风花雪月聊到诗词歌赋,再谈到人生哲学。本科就读汉语言文学专业的刘宇涵,热爱阅读、写作,也是一个典型的文科青年。

2020年,对于大四的刘宇涵来说,他有了一段独特的经历,即从文科跨专业申请商科,拿到了加拿大六所大学的研究生录取通过。其中包括多

伦多大学、约克大学、西蒙菲沙大学等世界名校。

由于疫情原因，加拿大暂时封闭了边境，导致留学生无法入境，刘宇涵也因此不得不采用网络授课的形式开启研究生的学业之路。"本以为线上学习任务量会有所减少，没想到丝毫没有变化，有时候感觉像在读高三。"刘宇涵笑着描述自己的状态。

目标转向跨专业留学，寻求更多人生可能

这名文科少年毕业于武汉大学，除了因美不胜收的樱花闻名全国，武大更是国内首屈一指的知名学府。学校里人才济济，这更让刘宇涵有了拼搏的动力。出国留学曾经并非刘宇涵的首选，他本打算考取国内新闻传播系的研究生。然而经过和家里人的商讨，他认为中文系的就业前景还是有一定局限的，教师这类较为平稳的职业并不是这个 20 岁出头的男孩最想追求的，或许人生还能尝试另外一条道路。

在和父母的共同决策下，大三的刘宇涵走上了留学申请的道路。考虑到研究生毕业有机会拿到两年的工作签证，积累海外工作经验，甚至未来可以选择移民，刘宇涵将留学目标国定在了位于北美的加拿大。谈及疫情，刘宇涵显得格外乐观："加拿大是一个地广人稀的国家，他们先后采取了边境限制以及数百亿的援助计划，并且要求居民待在家里自我隔离，因此我觉得疫情早晚是会过去的。想必等到启程的时候，疫苗应该都研发出来了，所以我不是太担心这件事情。"

刘宇涵并没有选择和本科一样的文科专业，而是将商科的会计专业作为自己的首选。"去加拿大学新闻传播，需要对本土文化有很深的理解，这个专业可能对中国学生没有那么友好；恰好本科申请时我就对商科很感兴趣，因为分数原因没能如愿，有这样的机会，我想选择自己喜欢的方向，商科的就业前景也会更好。"刘宇涵解释道。不过这样的选择也就意

味着要进行跨专业申请，加拿大研究生的申请本非易事，跨专业更是难上加难。

加拿大开设硕士课程的学校并不多，录取门槛都比较高，竞争非常激烈，加之刘宇涵的本科专业并非商科背景，不占据优势。此外，近几年越来越多的海外本科生加入了加拿大研究生申请的队伍，导致国内学生的申请压力越来越大。庆幸的是，刘宇涵的学术背景极为优秀，不仅有近乎完美的 GPA，中国学生最难攻克的语言关也不在话下。GMAT 660、雅思7.5 的分数，为他的申请增加了优势。此外，为了弥补专业知识的欠缺，刘宇涵在老师的建议下，大三时自学了六门商科课程，还参与了中科院的金融工程科研营，由于表现优秀，教授为刘宇涵出具了推荐信，这样高含金量的实习科研项目也成为申请名校很大的加分项。

谈及自己的申请过程，刘宇涵觉得还不够满意，"我的时间很紧张，导致计划安排很不合理，困难的课程都扎堆在一起，当时还要准备 GMAT考试，完全没办法应付"。他告诫想要申请加拿大研究生的同学，特别是转专业申请的同学，一定要大胆地申请，并合理做好时间规划，最好能尽早准备，这样才有时间去寻找更有含金量的实习项目，或有更多的机会拿到理想的标化分数。

漫长的等待，一波三折的名校大满贯

由于申请时间比较晚，刘宇涵的部分材料以及面试都是在 2020 年上半年完成的，那时正值国内疫情暴发之际，刘宇涵和大部分同学一样在家度过了寒假以及大四的最后一学期，连毕业典礼都是"云"形式，没能和同学们好好地告别。

来不及因分别而感伤，疫情就给刘宇涵的留学申请带来了波折。1 月提交完申请后，加拿大院校一直杳无音信，这一度让刘宇涵灰心丧气，以为自己会全军覆没。经历了漫长的等待，直到 4 月，他才陆陆续续地拿到了加拿大院校的录取通过，并且申请的六所学校全部给他发放了 offer，可谓实现了录取大满贯。"我也很惊讶，没想到这些理想的学校居然都能录取我这样一名跨专业的学生，看来大家真的要勇敢一点儿，只要满足了学校招生录取的要求，跨专业申请也没有什么不可能。"刘宇涵讲述自己拿到 offer 后的心情时这样说道。

在六所名校的抉择中，刘宇涵选择了自己最中意的多伦多大学。这所坐落在加拿大第一大城市的世界顶尖名校，起源于公元 1827 年，经过近 200 年的蓬勃发展，被公认为加拿大综合实力最强的高等教育机构之一。刘宇涵申请的 MMPA 专业拥有 Co-op 带薪实习课程，他觉得通过两段共八个月的实习经历，可以帮助自己获得宝贵的海外工作经验，毕业后还可以拿到工作签证，是和未来职业接轨的项目，能真正实现"转型"。

转专业可能会让一个人的认知产生很大的转变，比如文科和商科的一些价值理念可能是相冲突的，刘宇涵建议中国同学一定要做好思维方式的转变。"我是一个不太会认输的人，很多事情如果去做了，我就会想尽一切办法把它做好，哪怕觉得坚持不下去了，也不会中途放弃。"

疫情下的留学生活

由于签证申请耗时漫长，在 4 月份递交后，直到 10 月刘宇涵才拿到了结果，这个结果令所有人都非常意外：拒签。而使馆给出的拒签原因却非常模糊。在请教了多伦多大学的老师之后，大家认为很可能是因为疫情，因此多大也特别给他开具了一封助签信。在老师的鼓励下，刘宇涵一边通过网课积极应对学习上的困难，一边递交了自己的第二次签证申请。

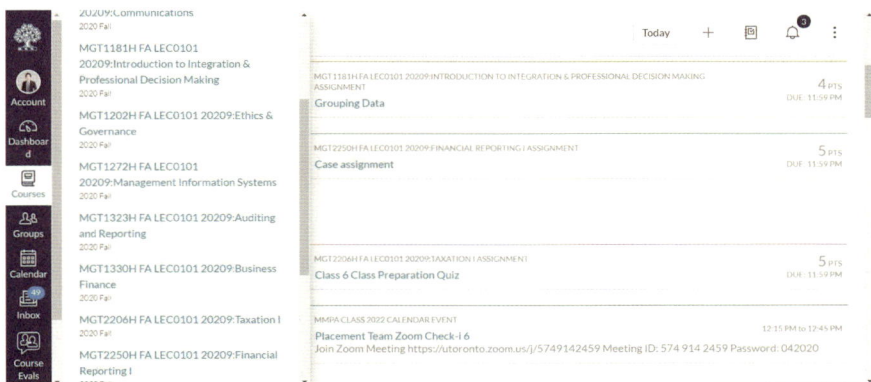

多伦多大学课程画面

  网课的时间对应国内一般是晚上 7 点至 11 点左右，每周五天不间断。MMPA 项目学习内容宽泛、考核严格，由于是跨专业学生，刘宇涵本身的基础相对薄弱，像国内外会计准则，还有一些英文术语都需要巩固。为了保证不耽误学习进度，除了正常上课之外，他还要自己抽出空来补习一些可能会落下的知识。"疫情并没有让留学变得不可能，哪怕是线上授课，我依然受益匪浅。"刘宇涵说。由于作业量较大，基本都是采取小组合作的方式完成的，每个组大约 4 ～ 5 名学生，大家会通过讨论进行分工，自己去完成所负责的某一块，再进行汇总递交。和国内高等教育不同的是，小组任务的分值很高，相较而言期中和期末的考试反而没有那么重的占比，"每一个任务都要当成考试来对待，全程不能松懈"。

  由于疫情控制良好，10 月 20 日加拿大宣布对国际学生开放重新入境，让学生回到校园成为可能。对于即将可能真正见到"小组革命战友"的刘宇涵来说，签证的批复是他目前最期待的一件事情。不过一向理智的他也同样做好了出国实习与国内实习的两手准备。

  "与其被别人的声音影响，不如想想自己的人生规划，顺从内心的声音。"刘宇涵总结道，"既然选择了商科，这条路就必须一直走下去，未来我希望能成为一名称职的会计。如果你也有想达到的目标，就大胆去做吧！"

关于留学的一些建议

刘宇涵以自己的故事作为案例，提醒想要申请留学的学弟学妹。

一、有转专业的念头就要大胆申请，不用考虑是否会是个"看起来很美"的陷阱。

二、尽早开始留学准备，如果更早一些，你就有时间去寻找更好的实习，学习更多的课程。如果跨专业申请，大一就可以直接去学双专业，那未来想要申请就会更轻松。

三、多去一些留学论坛上看一看，参考过来人的经验，对你准备考试、面试都有非常大的帮助。

四、尽量做自己想做的选择，不一定是你最喜欢的，但一定是符合你人生规划的，不要被别人的声音影响了往前走的步伐。

五、疫情不会让留学变得不可能，哪怕在线上课，还是能学到很多东西。准备留学的你要自己好好去权衡，因为一旦放弃了，可能下一年又要重新申请，因名额有限，不一定还能申请到和今年一样优质的学校。

张林卓：
从"红圈所"律师到影视编剧，无法割舍的写作梦

　　26 岁的张林卓，如今是美国德保罗大学的一名硕士研究生，从红圈所律师跨界到影视编剧，留学让他发现了真正的人生追求，可谓是改变一生的经历。

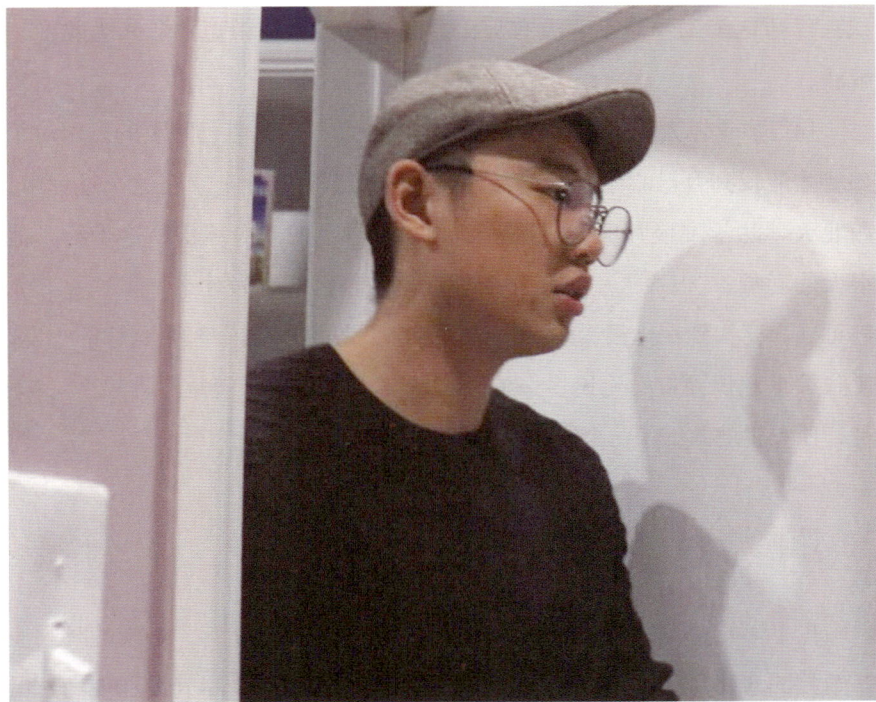

循规蹈矩，并非人生唯一解法

在转行成为编剧前，张林卓本是一名优秀的律师，他放弃了在北京某"红圈所"的工作，选择赴美读研深造。彼时的张林卓和父母都认为，本科学历已不足以支撑一个人未来的发展，而美国 1 ~ 2 年的学制，相比国内的研究生学制可以节省更多时间，能尽快学成归来；而拥有海外留学背景，就有机会加入更好的公司和团队。

美国历来有一个 TOP 14（T14）的说法，指的是学术水平和教学质量居全美前 14 名的大学法学院，张林卓就读的西北大学就是其中之一。学校师资力量雄厚，许多法学生心向往之。"尽管课业负担比较重，但美国整体的学习氛围很自由，留给我们很多时间思考自己是谁，最想要做什么。"正是受这种氛围的影响，一向活跃的张林卓思想产生了转变，他意识到律师这个工作似乎并没有那么适合自己，循规蹈矩并非人生的唯一解法。

和很多年轻人一样，尽管觉得眼前的一切并不是自己想要的，但对于如何才能找到自己心中真正的兴趣，张林卓也有过迷茫。在这个过程中，西北大学法学院谈判课教授 Kevin 分享了自己的亲身经历，这带给了他很大的影响。"很多人一辈子可能都找不到自己适合做什么，但这并非无迹可寻。要找到在你很累的时候，依然想去做的事情。"正是这样的启发，使张林卓意识到自己无论多么忙碌都想要去做的事情就是"讲故事"。于是，他大胆地做出了一个决定：转行。

选择热爱，就不怕风雨兼程

在小学的时候，张林卓就喜欢自己编故事讲给同学听，中学的时候他开始尝试动笔写故事，大学的时候，则开始尝试发表，尽管没能成功，但他发现，写作这件事，似乎成了自己不自知的习惯，深深地烙印在他的生命中。

于是，张林卓选择了 GAP，深入到美国社会，在一个剧院进行实习，希望能通过实践离自己的梦想更近一些。这个举动最初并没有得到父母的支持，而一向很有主见的张林卓立场非常坚定，"找到了热爱的方向，我就已经下定决心不做律师了"。在 GAP 期间，他加入了有着 41 年历史的芝加哥剧作家组织，里面很多是 60 ～ 70 岁、已经退休却仍然笔耕不辍的

张林卓在美国实习的剧院

老人，他们始终在书写。"尽管他们写的并不一定多好，甚至这辈子可能也没有登上百老汇舞台的机会，但是你能感觉到写作是他们一生的热爱。"作为机构里最年轻的成员，张林卓说，老人们对写作的热爱深深地触动了他，更让他认清了自己的方向：光实践还不够，想要实现梦想就需要进行系统的学习。于是他下定决心在美国申请第二个研究生。

德保罗大学是芝加哥本地的一所美国私立研究型大学，尽管综合排名并不出众，但学校的电影学院多次被《好莱坞报道》评为全美顶尖电影学院之一。参与了 Open Day（开放日）的张林卓发现，学校在美国中西部最大的摄影中心 Cinespace 拥有三个摄影棚，很多美剧的剧组就在隔壁拍摄；并且这里拥有完备的工业级的摄影器材，单件价格最高几十万美元，可供学生免费使用。学校在电影方面投入的雄厚资源让他毫不犹豫地选择了这里。

德保罗大学的摄影棚

和法律比较传统的学习模式不同，艺术学习更多的时候是纯主观的，需要凭借个人努力来完成。电影学院的上课内容，都是 10% 的文化

课 +90% 的研讨会，以练习讨论为主。"每人每周都要拿出自己的新作品，和大家进行讨论并修改，比过去的考试上课有意思多了。"张林卓说。

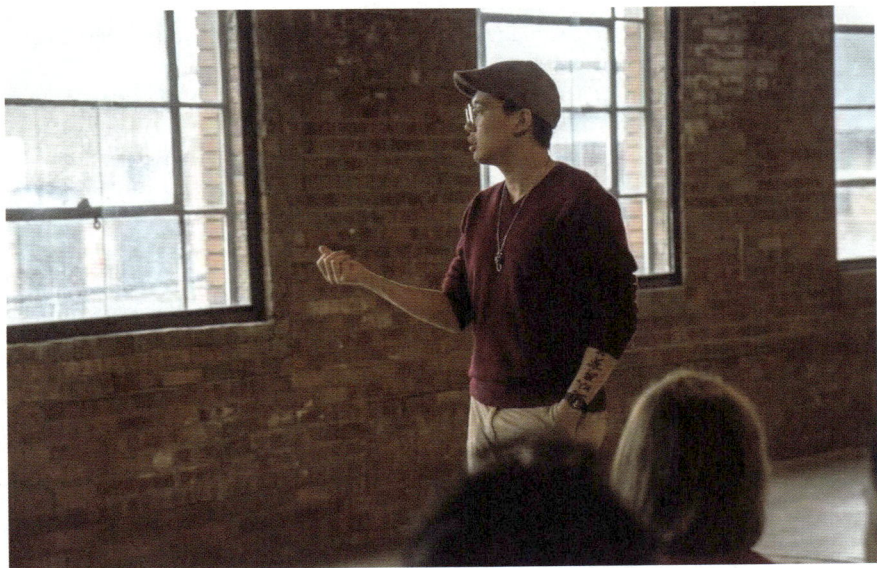

张林卓在围读会上介绍自己的创作内容并回答提问

　　由于是编剧专业中唯一的外国人，张林卓在学习上非常用功，看电影、读书、写作的数量远超过美国同学的平均水平。他深知，作为一个母语非英语的留学生，用纯英语进行写作，就需要大量的积累。尽管如此，他还是遇到了很多困难。"写作遇到瓶颈是经常的事情，比如说这个情节写不出来，或者是整体架构不是很好，甚至我后来才知道，英语中哪怕是一个'走'字都可以有 20 种说法，以表达不同的行走状态。在哪里跌倒就要在哪里爬起来，尽管痛苦但你会一直做这件事情，而不是觉得整个人都很丧，我想这就是我最想做的事情吧！"

剧本语言	
行走，体态	off 表走开；over 表走来； Stride; head off; breeze in; storm out; amble 缓步；crouch 蹲； shrug 耸肩; rush; race; swing by 路过; approach; back away; Head over; break down; hold up 扶住; collapse; crawl 爬，匍匐； Stroll up to 漫步至; March; sprint 冲刺; hobble 蹒跚; shuffle 拖脚走; limp 跛行; slouch 无精打采地坐、站、走; sprawl 伸开四肢趟、坐; mince 碎步走; wade 蹚水; fidget 坐立不安; stalk 潜近，盯着靠近; swagger 趾高气昂地走; wiggle 扭动; stand rooted to the spot 站在原地; hurry to 匆忙至; jerk 颠簸地行进; waddle 鸭子步、摇摆蹒跚; trot 小跑; gallop 疾驰、飞奔; surge 人群蜂拥而出; wiggle 摇摆，扭动; halt 踌躇、停下; tremble 战栗、发抖; slender 苗条的; plump 丰满的; wriggle 扭动; trudge 跋涉、艰难地走; curl up 蜷缩起来; straddle 跨坐; hover 盘旋; stretch 伸展、拉伸; hunch 弯腰驼背; lurch 颠簸前行; wince 畏缩、退避 Lean in 前倾; falter 颤抖、颤抖地走; saunter 漫步; perk up 昂首挺胸; plod 沉重地走; teeter 摇摆、跷跷板; wobble 摇晃; scurry 疾跑; chubby 圆滚滚，胖乎乎; scrawny 骨瘦如柴的; lanky 瘦的难看的; dart 飞镖，冲

张林卓的剧作单词本

疫情下的留学生活

2020 年的疫情给张林卓的留学生涯带来了不小的影响。3 月起，学校教学全部改成了线上授课，他已经敲定了演员、等待开拍的短片也因此不得不搁置。进行了综合考虑后，他选择了回国，目前正在国内通过网课进行自己新学期的学习。庆幸的是，编剧项目是以写作为主，所以线上的围读、讨论并未受到太大的影响，反而成为其安静创作的契机。由于形势尚未明朗，2021 年将毕业的张林卓也同时做好了两手准备，一边继续学业寻找回美的机会，一边也在尝试完成自己的作品，寻找编剧的工作。

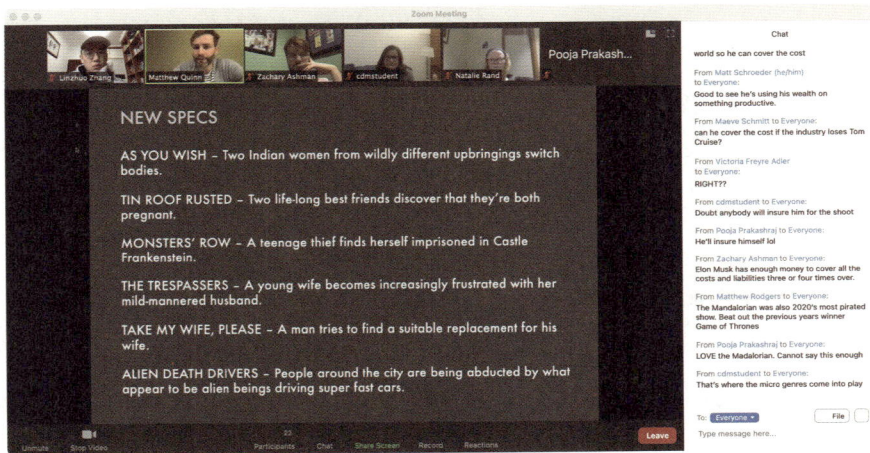

疫情下的网课学习

爱好是在你很累的时候，还想去做的事情。曾经的张林卓本可以选择一切按部就班的生活，但他在留学的过程中找到了自己真正热爱的专业，于是选择了勇往直前。他以亲身经历告诉大家，从爱好上升为职业的道路也许会有些曲折，但路一定是越走越踏实的。

关于留学的一些建议

作为留学生前辈，丰富的经历也让张林卓有颇多的感悟与大家分享。

一、名校情结是需要扭转的一个观点。申请学校的时候一定要看专业排名、师资力量、授课内容等。你能学到的东西与综合排名的影响关系不大，不能只是追求一个好听的名头。

二、你所经历的一定是有意义的。尽管我不再继续法律之路，但学习的过程还是给我的思维方式带来了很多的积极影响，比如社会运行的逻辑，善恶、道德，法律跟人性的关系，会有一个很专业的视角，而这些东西都是写作的素材。

三、英语作为一个语言，本质上是使用得越多就越容易。我刚到美国时的英语水平和现在的差距非常大。多积累一定是好的，从最初决定申请编剧专业的时候，我就开始看英文剧本，看他们是怎么写的，然后记到自己的一个表格里，写作的时候就打开笔记，就这样多进行积累。

四、找到喜欢的东西之前先了解它，然后再做决定。人的爱好是逐渐显明的，就像我年纪小的时候，并不知道自己对文学的爱好有那么深。申请一个专业时，不光要考虑这个专业你喜不喜欢，还要考虑专业背后的职业你喜不喜欢。我们这一代人很多选择了学会计、金融，这些固然是很好的学科、行业，但绝对不是适合所有人的。

五、和中国的同学本科一毕业就申请研究生、研究生一毕业就申请博士不同，美国人在这方面是不太着急的。他们往往都是步入社会后，或者发现自己有这方面的需求，才会去申请进修，以扩充一下知识储备。个人建议同学们先工作一段时间，了解一下自己是否真正适合这个专业、这份工作，只有你体验过，才会有更加主观、准确的感受。

陈晓彤：
在澳洲连读两个硕士，尝试更多可能

2020 年 7 月，正在澳大利亚悉尼大学读第二个硕士学位的陈晓彤踏上了回国的路程。按照原计划，她应该在 2021 年年底毕业，之后留在澳大利亚申请工作签证，寻找合适的工作，并开始着手移民计划。然而，随着疫情的全球性蔓延，她放弃了原定的计划，选择了回国。

予人玫瑰，手有余香

回国后的陈晓彤一边上网课，一边回到自己高中母校从事学生心理咨询的实习工作。她本科所学专业是应用心理学，这个专业有两个方向，一个是人力资源方向，另一个是学校心理健康与咨询。她选择了后者。"心理学上有种说法叫助人自助，就是你在帮助别人的时候，其实也是在帮助自己。"陈晓彤说。

大四的时候，陈晓彤就曾在自己的高中母校实习，做心理咨询老师。每一次在跟学生交流的时候，她都能从学生身上感受到一些情绪，这些情绪有的来自外界的压力，有的来源于自身。然而她所能提供的就是帮助他们探索自己而不是直截了当地给予建议或者"答案"。在帮助这些学生探索自身的过程中，陈晓彤也会进行自我反思：如果这些问题发生在我身上，那我该如果处理？如果我能帮助我的学生走出来，我自己也就能这样走出来，或者也能把这些问题处理好。

除了能相互学习，陈晓彤也沉浸在帮助别人的快乐中。每当看到和自己交流的学生豁然开朗或者如释重负地走出咨询室，陈晓彤都会觉得很欣慰、很满足，"就是一种我真的帮到了这个人的感觉"。也正因此，在申请海外院校的时候，陈晓彤坚定地选择了教育心理学这个方向。

出国读研，感受不一样的文化氛围

因为高考分数不甚理想，陈晓彤有了出国念书的想法。然而留给她申请学校的时间实在太少，父母又觉得彼时的她年龄尚小，孤身前往海外可能不太会照顾自己，于是一致决定等陈晓彤本科毕业后再出国读书。由于家里有很多亲戚在加拿大定居，陈晓彤最初也希望能前往加拿大留学，这样不仅可以与亲戚彼此照应，而且加拿大也是个相对容易移民的国家。

　　然而，当她大四申请加拿大院校的时候，心仪的学校给她发来消息，希望她能提供 GRE 成绩。这个消息对于她来说如同晴天霹雳一样，因为最初的申请要求里并没有提到 GRE 成绩是"必需品"，直到申请提交以后校方才提出这样的需求。而此时的陈晓彤临近毕业，要准备毕业论文和实习工作，整个人压力特别大，已经没有多余的精力准备 GRE 考试了。最后在家里人的劝慰下，她申请了同样比较容易移民的澳洲的学校。最终，陈晓彤接受了悉尼大学发来的 offer。

抵达悉尼的第二天，陈晓彤就迫不及待地前往校园拍照纪念

　　在悉尼生活的 1 年半时光里，陈晓彤逐渐爱上了这个城市。悉尼有着优美的自然风貌，开车 40 分钟就能领略到有山有水有海边的自然风光，

是个很有生活气息同时又有着都市繁华的地方。当地人也很友好，即使是在疫情暴发期间，她的老师和同学们也会很理智地对待关于疫情的谣言，也会理解亚洲学生"戴口罩"的行为。"我们有门课的老师是意大利人，她的国家的文化就是人与人做面对面交流的时候，脸部不能有遮挡，这才是礼貌的行为，所以一开始我们戴口罩去上课的时候她很生气，认为我们对她'不礼貌'。不过后来，意大利疫情开始严重，她就对我们很理解了，还会戴着口罩给我们上课，并专门给我们发邮件'道歉'并解释为什么一开始她会生气。"

和国内大多数研究生不同，陈晓彤的研究生同学大多拥有工作经验，听他们课上讨论能收获更多经验。"有一次，我们课上分小组做presentation（课堂演讲），当时我们是抽签决定小组成员的。我抽到的组员一个是奥地利小哥哥，一个是来自上海的小姐姐。奥地利小哥哥在日本工作了快 10 年，上海小姐姐有超过 8 年的国际学校教育经验。跟两个'大佬'一组，我真切地感受到什么叫'抱大腿'。"陈晓彤回忆说，"他俩讨论的时候可激烈了，就是那种中西教育经验和理念的碰撞，我光听他们讨论就能学到很多。"

此外，澳大利亚的高校对于课程设置的方式也让陈晓彤觉得很有助于学生对于知识的理解。悉尼大学的课程由讲座课（Lecture）和辅导课（Tutorial）两部分组成，也就是俗称的"大课"和"小课"。讲座类似于国内大学的大课，修这门课程的人一起坐在一个大教室里上课，人数通常在 100 以上。讲座课的授课老师以传授新知识为主，内容多为理论或抽象的知识，而且信息量很大，学生一般很难快速消化。为了能让学生理解这些知识，每一个讲座课都会配备一个辅导课。辅导课学生数量一般控制在 30 人以内，相当于小班教学。在辅导课上，老师会针对讲座的内容进行深度剖析，为学生解答问题，并给予学生更多表达的机会，尤其是会鼓励国际生参与讨论，使其了解对方的文化，促进交流。

跨专业，为了更多的选择

2019 年年底，陈晓彤结束了悉尼大学教育心理学专业的学习。教育心理学这个硕士学位是一年制，但如果陈晓彤想留在澳大利亚工作，就需要连续两年在澳大利亚留学，这样才能满足申请工作签证的要求。2020 年 1 月，陈晓彤申请了第二个硕士学业，就读媒体实践专业。

在本科学习期间，陈晓彤担任校学生会文艺部部长，经常举办校园活动，也会参与一些媒体宣传的工作，对媒体宣传这方面很感兴趣。同时她也认为，多学一个方向，未来就会多一种可能。然而，新专业的课程刚开始没多久，疫情便蔓延全球，澳大利亚国境线封锁。紧接着，学校宣布封校，线下课程全面转为线上。

最初，陈晓彤对于网课还是比较抵触的，她觉得网课能学到的知识不多，而且上网课之后，作业也变得比以往更为繁重且形式单一：只能以书面的形式提交作业。后来，作为疫情期间留在海外求学的留学生，陈晓彤被邀请为国内的学生做线上讲座，为同学讲述澳洲的实时情况。在这个过程中，她发现原来媒体实践与教育应用之间其实是有联系的：从教育课程中学到的谈话技巧，以及从媒体课程中学会的眼神沟通、镜头感，都可以对线上教学产生有益的帮助。"一开始，澳洲疫情不是特别严重的时候，我自己也会录制一些 Vlog 之类的视频介绍校园或者澳洲现状，包括后来给学生做讲座，我发现，这其实也可以算是潜移默化的'教育'，这也让我更加确定，我选择的专业是正确的。"

现在与未来

疫情给陈晓彤的留学经历增添了很多风险与未知，但也让她更加成熟。对于家庭，她更能体谅父母的担忧，理解父母的用心；面对世界，她也能理解多国文化之间的碰撞并与之达成一致或者相互谅解。"如果要问疫情这段时间教会了我什么，那大概就是面对选择的谨慎之心吧。"她说。在过去的时光里，陈晓彤曾面对过很多选择：是读第二个硕士专业还是读博士，第二个硕士专业是继续读心理学相关专业还是选择其他专业，是回国还是留在悉尼，等等。面对这些选择，她逐渐变得更加谨慎、全面，"面对每一个选择都要慎重，要想清楚自己的选择，因为没有机会后悔"。

未来，陈晓彤还是会继续从事心理学相关的职业，帮助更多的学生或者家庭变得更加美好。"不一定还会来学校当心理辅导老师，我也挺想去企业试试看，策划做夏令营亲子课这种活动的。还是希望能尝试更多吧，这样不论是继续深造还是求职，都会很有帮助。"

关于留学的一些建议

一、由于现在疫情这个情况比较特殊，我建议今后想去留学的学生做好两手准备，Plan A 和 Plan B。这样在面对突发情况或者特殊情况的时候能有个选择和缓冲。

二、其实网课的效果并没有想象中的那么差。如果想从留学中获得更多在异国生活的体验，那么网课确实不能带来这些，但如果是想从留学中获得知识，那么在网课学习中是不会落下任何知识的。因为疫情情况比较特殊，如果犹豫自己能不能适应网课的话，可以先去网上找找公开课体验一下再做决定。

三、不要随意延期。因为疫情的关系，很多同学都会选择延期，觉得这样就可以去体验异国的学习氛围了，但其实情况是多变的，有可能等到延期结束发现还是需要上网课。与其这样耽误时间，不如按照原计划去留学，毕竟现在上网课的学历也是被承认的。

徐兮语：
从美国高中看国际视野，拥抱更适合自己的教育

　　如果不是因为疫情，徐兮语应该坐在大洋彼岸的高中学堂上与同学们谈笑言欢，而不是隔着屏幕与同学们互相问好。

2020 年秋季，虽然手握美国第一女校——波特女子高中的 offer，但由于签证的原因，徐兮语无法出境。好在学校人性化的制度让她即使远在重洋外，也能按照正常的作息时间上学，以保持良好的生活状态。

疫情下的特殊政策

2020 年，突如其来的疫情打乱了整个世界原本的节奏与秩序。原本计划出国就读美国高中的徐兮语不得不"滞留"在国内上网课。为了保证国际生的健康作息，波特女子高中为上网课的国际生开设特别课表，尽最大的努力不让这些学生被时差困扰，可以保持健康的作息时间。

此外，学校也将每学期八九个科目缩减为三四个科目，将每个学年的双学期改为三学期，这样既能保证课程知识如期完成，又能留出足够的时间让学生们参与社团活动，或者自己安排体育训练、乐器训练等，提高综合素质。"我每天上午上两节课，晚上有一节课，下午可以自己安排一些课外的项目，比如网球、高尔夫、钢琴和小提琴等。或者上 Coursera 自学一些课程，充实自己。我觉得学校课程的时间安排还是挺合理的。"徐兮语表示。

Coursera 是世界上最大的在线学习平台之一，它与全世界最顶尖的大学和机构合作，其中不乏斯坦福大学、杜克大学、华盛顿大学等世界名校。平台所提供的课程大部分由名校教师开设，内容覆盖计算机科学、数据科学、信息技术、数学、语言学习、艺术人文、商科等众多热门领域。用户可以根据自己的兴趣自行选择课程，以提升自己。

波特女子高中的教育理念及形式

作为美国排名第一的女子高中，波特女子学校位于康涅狄格州法明顿，创建于 1843 年。著名校友包括美国前总统约翰·肯尼迪的夫人杰奎琳·肯尼迪，前总统乔治·赫伯特·沃克·布什的女儿，环球太平洋顾问公司创始合伙人、著名建筑大师梁思成和林徽因的曾孙女梁周洋等。

育才更应先育人，波特女子高中在课程安排上无不体现着这一培育理念。在9、10年级，学校专注于培养学生的情绪管理能力，其中包括自我意识、自我管理、社会意识、人际关系技能和决策。通过对这些能力的发展，学校旨在培养学生对于自己情绪的管理，制定目标并能持之以恒，对他人富于同理心，能与他人形成良好的关系以及敢于为自己做出的决定承担责任等品质。到了11、12年级，学校会转而鼓励学生们去探索自己的爱好与强项，发挥他们的自身优势，增强他们在全球背景下对待同一事物不同视角的理解与包容能力，关注学校之外的生活，参与社会对话与社会活动，为未来的大学生活打下基础。

波特女子高中的课程分为语文（英语）、数学、第二语言、人文、科学以及艺术六大类。目前，徐兮语最喜欢的学科是人文社科。"今年我上的课会比较侧重历史。在课下老师会让我们完成大量的阅读，上课的时候一般以讨论的形式进行。在与老师和同学们的讨论过程中，我们很多时候都是以一种验证的角度、批判性的角度去看待问题。此外，老师还会结合现在的很多社会新闻来讲，在遇到特别的事情时还会单独开辟出一堂课来让我们讨论。"徐兮语表示。

在2021年1月，部分美国民众不满总统大选结果，强行闯入国会大厦，该事件对社会产生了十分重大的影响。按照原本的课程进度，徐兮语的老师应当与学生们讨论1450年左右的世界历史。但因为这件事情的发生，课程内容改为讨论"国会山事件"。"老师让我们就这个事件每人想三个问题，然后一起讨论。"徐兮语回忆道，"其中包括'你觉得是谁发动的？''你对这个事件有什么看法？'之类的问题，然后大家一起讨论。虽然讨论到最后看似也没有什么明确的结果，但这个过程让我受益匪浅。现在社交媒体的智能算法会让人越来越聚焦于他想看到的信息，这容易让人们看事情不够全面，无法得出理性的观点，只有融合从各个渠道获得的信息，进行客观、批判性的思考才能得出一个相对全面的看法。我觉得这种客观、独立思考的能力对我的个人成长是非常重要的。"

国内对于学生学识的考核方式大多以考试的形式进行，而波特女子高中对于学生成绩的考核方式大多以撰写论文或者做项目的形式进行。"之前老师对于数学的考核方式是让我们用函数画画。"徐兮语说，"当然，也会有考试。但一般不是国内的形式，而是老师给我们一份试卷，上面有很多问题。在解答这些问题的时候不需要按照固定的格式来回答，有些问题也没有唯一的答案，老师们所考量的是我们解答问题的思考过程。"

2019年，徐兮语参与模拟联合国辩论活动，代表中方发言

为什么要去美国上高中呢？

从小，徐兮语父母对她的教育就做好了充分的规划。他们希望徐兮语

今后能成为一个自由独立思考不偏执、勤奋上进不迂腐、能进行有效沟通而不简单粗暴、拥有国际视野而不浮躁的优秀女性。波特女子高中的教育理念与他们所期望的教育观念不谋而合。"此外，美国高中的学术、艺术、体育、社区服务等全面的培育方式也很吸引我们。"徐兮语父亲表示。

除了父母的期盼，徐兮语也对美高的教学形式非常感兴趣。在初二那年，她曾前往美国菲利普斯安多佛中学（Phillips Academy Andover）参加暑校。两个月的美高体验，让她觉得自己非常适合讨论式的教学方式，她能很快适应美高的课堂环境以及生活环境。暑校归来，她更坚定了将来要去美国上高中的想法。"我觉得美高对美本申请有非常大的帮助，可以让我提前适应美国的生活。"

女子高中对于徐兮语来说是一个全新的体验。很多人会对单一性别的学校存在一些偏见，觉得从单一性别学校毕业的学生会在社交方面存在弱势。然而徐兮语认为女校和混校的区别并不是很大；相反，通过在女校的学习，她对很多东西有了新的认识，比如对女性地位以及女权的认知等等。

波特女子高中现任校长温莎女士曾表示，女性在没有男性同胞的干扰下其实更能深入对于科学难题（STEM）或者文化难题的研究。在美国，男女地位严格来讲并不平等，男女即使接受同等教育，从事同样专业性的工作，女性通常也不会被选为公司的首席执行官或者不会被选举为政府的最高层。在课堂上，男同学在科研方面过于自信的表现，在言语中不经意对女同学的轻视都会在女性心里埋下不自信的种子，抑制女性在 STEM 方向的发展。而单一性别的校园环境能让这些女生在成长过程中感受不到刻板印象的威胁，因而会更积极地参与课堂活动，在 STEM 方面展现出自信，变得自强而坚韧，在今后会成长为内心强大的优秀女性。"拥有改变世界的能力是波特女子学校对每一位学生的期许。"温莎女士说。

暂留国内，为未来做准备

现在，徐兮语每天都会练习钢琴和小提琴，并进行网球等体育活动。除此之外，她每周也会分别为学校的两份报纸供稿，一份偏重于时事，一份专注于金融。"由于现在自己不在学校，很多社团不太好参加，只能选择可以远程参与的社团活动，未来到了美国，会尝试更多类型和方向的社团活动。"她表示。

谈到未来，徐兮语希望今后能往商科方向发展，因为自己非常喜欢经济学，对博弈论也很感兴趣。她梦想的高校是哈佛、宾大和耶鲁。她非常喜欢思辨的过程，这也是她喜欢辩论，曾参加模拟联合国的原因。不过未来，她也期待能涉猎其他学科，了解更多维度的知识，探索更大的世界。

关于留学的一些建议

一、培养独立生活的能力。现在大部分出国留学的人，父母是不会陪读的，所以在学校的生活主要是靠自己。因此，学会自律是非常重要的。

二、关于人际交往能力的提升。很多人会觉得留学生出国之后也只会交到中国的朋友，我认为在拓宽朋友圈这方面不能强求，但还是会鼓励留学生们主动与人交往，这样才能拓宽自己的国际视野。

姜雨桐：
放弃 211 重点本科，我选择麦吉尔大学的网课

关于一年前的那个夏季，姜雨桐并不想回忆，虽然她的高考分数超过了一本线，但是没有达到目标院校的分数线，所以不甘心的她在大连理工大学盘锦校区就读一学期后，便果断放弃，选择用高考成绩申请海外院校，目前成功进入在 2021QS 世界大学排名中位列 31 的麦吉尔大学。面对让很多留学生苦恼、昼夜颠倒的国内网课时光，她说："很累但很快乐。"

高考失利，申请留学

姜雨桐的高中是在大连24中度过的，作为辽宁省知名的重点中学，24中一直保持着高教学水准、高录取率的成绩，而且与美国拉玛高级中学、澳大利亚卡洛中学等30多所海外中学成为友好学校，教育风格多元化。她在高中时的成绩一直很好，然而高考时却发挥失常，考出了远低于平时模拟考试时的成绩。

一直以来她的目标就是"清北复交"，没有考虑过其他学校，因此她的高考成绩虽已突破一本重点，但在她自己看来，"我的高考是失败的"。痛定思痛，跟父母商议之后，她决定申请出国留学。

因为之前设想的是在国内读完本科后再申请出国读研究生，所以她还没有做好考雅思、托福的准备，彼时已经是7月，如果想要赶上当年海外院校的秋季招生，几乎不可能。而第二年春季招生的院校可选范围又比较小。时间被卡在一个稍显尴尬的境地：当年的海外开学季赶不上，但是距离第二年的开学季又过长。雨桐听从父母的建议，先报考了一个国内的大学，边上学边准备出国相关事宜。

大连理工大学盘锦校区是大连理工大学的新校区，同属"985""211"工程高校，跟国内其他大学一样，开学后第一件事便是军训。雨桐在军训期间就已经马不停蹄地开始准备雅思考试了。"时间很紧迫，军训期间要求早上七点集合，而宿舍早上六点才会统一供电，我一般四点多就起来了，怕影响宿舍的人休息，只能在走廊上练习口语，用手机手电筒照着做题练习。"回忆起准备考雅思的那段时光，她依旧感慨不已。时间从不辜负努力的人，9月军训结束，10月雨桐的雅思成绩出来了——7.5分。

经过半年多时间的筹划，雨桐已经完全做好了申请出国的准备。谈及为何不直接申请转学，而是选择用高考成绩申请，重新选择大学时，她说："大连理工大学盘锦校区毕竟是新成立没多久的院校，我担心凭借这所学校的名气申请不到更好的大学。"因为身边有很多朋友已经在加拿大当地就读，而且加拿大的大部分高校可以接受国内高考成绩直申，成绩优异者还能够获得高额奖学金。

雨桐申请了多伦多大学、麦吉尔大学、UBC 大学、滑铁卢大学、麦克马斯特大学等多所名校，因为成绩优异、表现卓著，她拿到了所有申请院校的 offer，部分高校还额外提供了奖学金。考虑到治学环境以及校园氛围，她放弃了为其提供高额奖学金的 UBC 大学，选择进入麦吉尔大学攻读数学专业。

中外网课大不同

突如其来的疫情打乱了她的出国求学计划，2020 年 3 月，加拿大宣布"向美国之外的大多数非公民关闭边境"，很多加拿大留学生滞留国内，无法如期入学。针对这一情况，加拿大高校的线下课程全部改为网课模式，以便于海外留学生学业计划的顺利进行。

在等待麦吉尔大学秋季开学的过程中，雨桐还在上国内大学的网课。麦吉尔大学的线上课程开通后，因为无法前去加拿大本地上课，雨桐的网课时光还在继续，但同样是上网课，体验感却有着云泥之别。"上麦吉尔大学的网课，让我深刻感受到什么叫累！"因为大学阶段的授课形式更强调学生的主观能动性，因此很多国内大学课堂都相对宽松，尤其是疫情期间的网课，对学生的自律性和时间管理能力都提出了很大的考验；跟其他海外院校相似，麦吉尔大学的授课形式也是以小组讨论为主，课前需要预览大量的资料，课后还要完成教授布置的大量作业，时间非常紧张。

除去作业，学校还按照节点安排了各种小考和实验课，通过定期测试来查看学生对新知识的掌握度。并且学校网站将各类资源划分得很明晰，方便查阅资料，模拟实验室也非常规范。对姜雨桐来说，丰富的教学资源是海外院校的重要优势之一，也是她最看重的部分。

麦吉尔大学作为魁北克省最古老的英语大学，百年来在国际上声誉崇高，有"北方哈佛"或者"加拿大哈佛"的美誉。在世界各报刊以及研究机构的排行榜中，麦吉尔大学多次名列加拿大第一、世界大学排名前二十。白求恩、蒙代尔、卢瑟福等著名人物均出自该校。

麦吉尔大学是由苏格兰商人詹姆斯·麦吉尔于1821年投资建设的，位于加拿大魁北克省的蒙特利尔市，占地面积79英亩，校园的整个设计都带有浓浓的苏格兰风格。虽然所学专业是工科类，但姜雨桐骨子里还是个文艺女青年，之前在网上查询院校时，麦吉尔大学富含历史底蕴的建筑风格瞬间吸引了她，这也是她选择这所大学的原因之一。

结识好友，期待出国

虽然暂时还无法到加拿大本地去求学，但是每日的网课仍然让她的生活"有忧有喜"，课业的压力和偶尔需要倒时差上课的体验让人"头秃"，但上课时老师和同学的热情也让她感到非常快乐和感动。"他们不会说知道什么但是不告诉你，而是知无不言"，遇到不明白的地方，老师和同学都会很积极主动地提供帮助，这让她很快速地度过了全英文授课的适应期，对专业的学习兴趣也更浓厚了。

她对数学专业的热爱与生俱来，2020年，在朋友的推荐下，她抱着玩玩的心态参加了一场美国大学生数学竞赛，并成功获奖。这一奖项作为软实力补充，也为她拿到麦吉尔大学的offer起到了助力作用。

根据自己的兴趣选择所热爱的专业，除了能获取新知识、新技能外，还能够遇到一群志同道合的朋友。姜雨桐在上网课的过程中不仅交到了不少关系很好的"云同学"，同龄人之间除了追求共同的学业，还有不少共同话题，她非常期待能够与同学们见面，同时正常作息、正常上课。虽然在此之前她没有去过加拿大，但是通过同学、朋友的描述，以及自己的查询，她仍对那片土地充满了向往之情，"目前计划的是9月份赴加拿大"。

渴望深造，憧憬未来

关于未来，姜雨桐的父母希望她能够在海外学成后回国，她所学的数学专业与经济学、大数据等领域联系很紧密，毕业之后除了可以继续从事学术研究之外，还能够在科技、IT、教育、经济等领域从事实际应用、开发研究和管理等工作，而这些都是当前世界急需的高新技术行业。

学习一直是她的强项，但是从小到大，父母将她的生活照顾得很好，面对出国留学计划，她内心有渴望和憧憬，也有很多忧虑和不确定。"过去之后就得立马租房子，不然没地方住"，面对出国后可能遇到的一些实际困难，她也做好了心理准备。他们有一个留学生微信群，出国计划一致的同学相约乘坐同一趟航班，出去后一起租房互相照应。"适应期肯定会有，不过我相信我在这个过程中肯定能够收获很多。"

生活中的姜雨桐

她计划本科毕业后再继续深造，读完研究生之后，根据加拿大的工签政策，先在海外工作一段时间再回国。"我觉得北京、上海这些城市都很好，我很喜欢那种人来人往、努力奋斗的感觉。"谈到未来的规划，姜雨桐的语气轻松而愉悦。

关于留学的一些建议

能够拿到申请大满贯，姜雨桐在留学申请及学习技巧上都有独到之处，面对正在申请出国的同学，她给出了一些实用的建议。

一、随手记手账，可以有效抵抗拖延症。她平时习惯用手机备忘录记录每天需要做的事情，每完成一项就打勾，这样既有成就感，又能够按时完成任务。

二、多参与课外实践，有能力的同学可以多参加一些有含金量的专业竞赛。这些经历不仅能够给自己带来更多收获，而且在出国申请时也会是除了成绩之外有用的软实力补充。

三、加强英语口语的学习。她目前是上网课的状态，全英文授课需要具备良好的英语听说读写能力，正在申请出国的同学最好提前准备，这样能够帮助自己快速适应，对知识的掌握也会更加完备。

赵亨奇：
无惧网课，求学中国香港的北方青年

　　2018 年毕业于河北某中学的赵亨奇，由于高考成绩没有达到自己的预期，所以放弃了去其他院校读书的机会，选择南下，申请进入了香港理工大学。现在大三的他回头看不禁感慨，求学中国香港真是一个非常正确的选择。

另辟蹊径，"一路向南"的北方青年

作为一名北方人，赵亨奇却因为多次旅行经历，酷爱南方的气候和城市，高考志愿填报的都是南方的大学。尽管当年他在高考中也取得了650分的好成绩，但与自己心仪的川大、厦大还有一些差距。"比上不足比下有余"的局面让他有些动摇，于是考虑换一条思路，转申内地之外的院校。由于年龄较小，父母不是很放心他本科就去国外，于是赵亨奇将目标锁定在了中国香港。作为主要的留学目的地之一，中国香港一向以学术水平高、教学质量优著称。

夜晚的香港理工大学

由于高中学习的是理科，但物理成绩并不是非常理想，赵亨奇和家人商量，希望选择一个"文理兼备"的方向，而商科作为当下大热的专业，无论是未来的就业机会还是薪酬待遇都比较理想，综合考虑后，他决定选择会计与金融专业。

他将浸会、理工、岭南这三所知名大学作为目标，综合考虑了院校的专业学术情况后，最终选择了香港理工大学。"理工大学的申请没有面试，用高考成绩即可直申，而其他院校是有的，大家在申请时可以注意一下。"赵亨奇提醒道。

初到香港，攻克语言是第一步

香港的本科也是四年制，大多数的学科都是用英语教学的。刚入学时，赵亨奇也曾担心自己无法融入一个粤语和英语的环境，但很快他就打消了顾虑。除了必备的粤语课，不管是同为内地生的学长学姐，还是中国香港的同学或者国外的同学，他们都很乐意与他交流，也会教他粤语和英语，带他去游览城市风貌。

考虑到大陆同学来到中国香港后需要经过一段适应期，中国香港的一些家长也非常关心内地学生，学校还专门把他们配备起来组建成了"亲善家庭"，提供机会让内地生跟中国香港的家庭一起过年过节、聚会吃饭，希望让同学们觉得有"家一般的感觉"，赵亨奇也利用这个机会进一步加强了语言的学习。"虽然普通话也能交流，但粤语作为通用语言能更好地融入当地的环境，也能结交更多的朋友，毕竟有些俗语是在课堂上学不到的。"

此外，英语的学习也是他的重中之重。尽管从小学习英语，成绩很不错，平时也会看美剧、听英文歌，但全英文授课的难度还是很高的，刚入学时赵亨奇也遇到了瓶颈，很多时候都存在听不懂的情况。于是，他在每次上课之前，都会先把那节课的课件打印出来，然后自己先预习一下，尤其是会把那些不认识的生词标注出来。赵亨奇认为，其实内地学生的英语水平并不差，只是在听和说的方面相对薄弱一些，所以他自己会尝试着多和学校的国际生交往，用英语交流，多模仿他们的发音。在他看来，学习语言最好的方法就是说出来，一遍一遍地加深记忆，虽然是略显死板，但这种方法效果非常好，他就是这样逐步地攻克了双语难题，上课的时候也能听懂了。

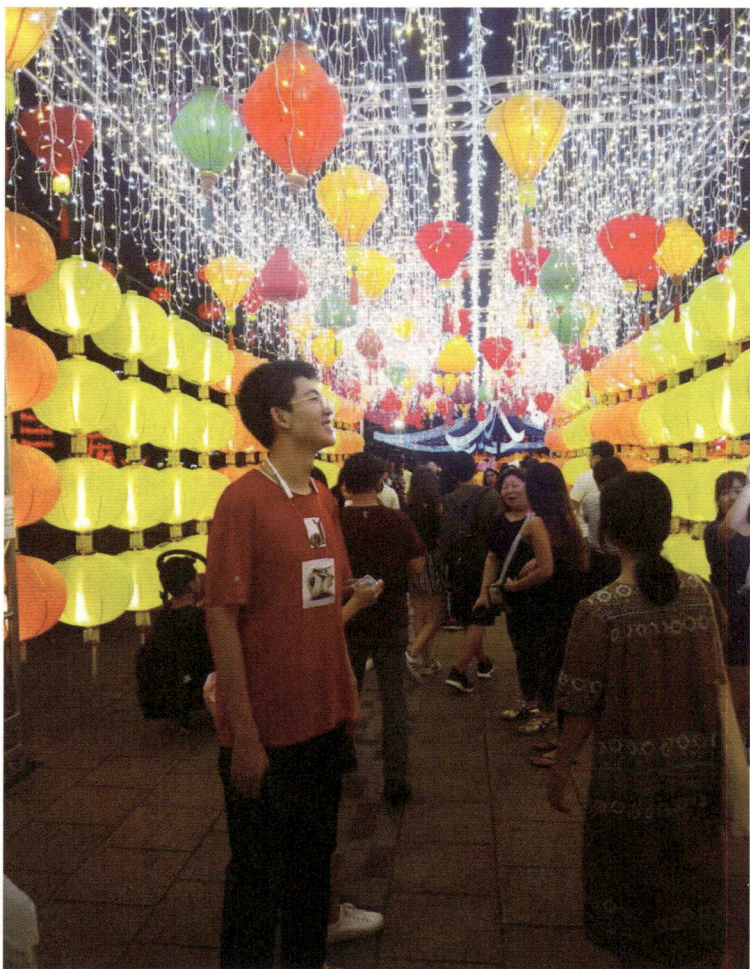

生活中的赵亨奇

独立学习，好的习惯是成功关键

中国香港的本科课程安排和结构与内地有所不同，一般期末考试只会占总成绩 40% ~ 50% 的比重，剩下的就是平常的课堂表现、课堂参与度、小组报告及展示的成绩，所以日常的学习非常关键。学校没有固定的班级，大家根据选课情况每次会组成不同规模的大课和小课，这也对学生的时间管理提出了更高的要求。同时，学校的很多课程，尤其是在写论文或者是做小组报告的时候，不全是课内的内容，甚至两者的差距很大，很多东西要让学生自己去查找，这也培养了赵亨奇自主学习的能力。"比如写论文，如果你只用课上老师讲的那些概念，就会写得比较浅，很多东西都要去一些专业网站上找，有些案例要亲自去了解，学习上还是靠自己比较多。"

好的习惯并不是一朝一夕能养成的，赵亨奇表示，现在的很多学习习惯都是小时候父母培养出来的。比如从小妈妈就告诫他每天要坚持看书，所以直到现在，每天他都会抽出半小时来看书提升。"我没给自己设定很高的目标，感觉坚持就是很不容易的一件事情。"

正是长在这样自律的家庭氛围中，赵亨奇培养了一颗强大的内心，并且非常自信开朗。他就读于会计与金融专业，而中国香港正是国际金融中心之一，他不仅能和来自世界各地的同学交流学习，也参加了中国香港以及世界级的许多学术和实习活动。

此外，中国香港的学校还会时常组织公益活动，希望借此让学生有一种回馈社会的意识，比如关注弱势群体，去养老院关爱老人，帮助贫困人士，或者去海滩保护环境等，赵亨奇还曾在学校的组织下到杭州某小学担任了几个月的支教老师。

疫情下的留学生活

中国香港的局势一直备受瞩目，赵亨奇介绍到，其实大部分人还是非常友善且理智的。但出于安全考虑，疫情期间赵亨奇等大陆学生被学校安排回到了家中，这一年都是通过网课进行学习。据他了解，学校除了图书馆外，其他设施均不再开放，所有学习都以线上的方式进行。虽然网课的学习氛围不如面授课好，但一年的网课体验锻炼了赵亨奇的自学能力和抗干扰能力，能在家中完成小组作业和许多课题研究，这让他更有信心，并且期待在将来复课的时候能更好地学习接下来的课程。

尽管短时间内无法返校，但学校的许多活动依然会照顾到不在中国香港的学生。例如教授推荐学系中综合表现优异者到普华永道面试，而赵亨奇有幸成为其中一员，于是他在世界顶级的会计师事务所有了第一份实习工作。而新学期，香港理工大学又和上海复旦大学建立了合作关系，内地生可以申报复旦大学的网课，这也为同学们提供了一个学习更多知识的机会。

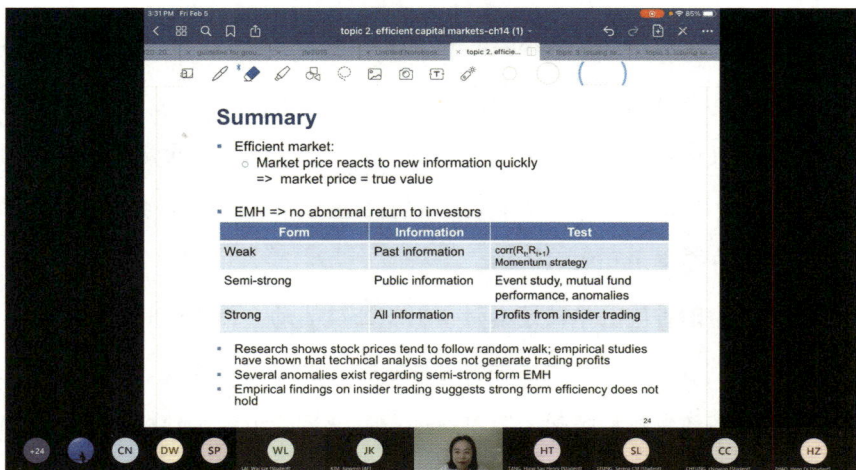

疫情下通过网课进行学习

目前除了完成本科的学业，赵亨奇还在备战托福考试，希望能为疫情好转后的研究生深造提供更多的选择。但如果情况还是不够明朗，他也做好了直接工作的准备。中国香港仍然是他理想的深造和工作目的地之一，希望能有机会在这个经济发达的"东方之珠"发光发热。

关于留学的一些建议

一、在留学前要提前做好充分的准备，如果能尽早准备的话当然更好，因为这样有充足的时间，可以让我们的各项考试都拿到更好的成绩。

二、多去真正地了解一下自己到底喜欢什么样的专业，不仅要了解专业构成，也要去看看这个专业的行业现状以及与之相关的职业选择有哪些。

三、在语言方面做好充分准备，比如来中国香港的话可以提前学一下粤语，以尽快融入当地的环境，也可以为生活提供更多的便利。

四、多培养一些兴趣爱好，如果喜欢会计金融的话，可以多看看相关的书籍，以便为未来理论与实践的结合打下基础。兴趣是最好的老师，因为如果真正学习起来的话，理论还是很枯燥的。

谭婷丹：
坦然面对走过的弯路，在韩国坚定地向着未来目标前行

2021 年 1 月，谭婷丹回国度寒假，并开始着手她的新计划。虽然走过一些弯路，但面对过去的遗憾，她泰然面对、吸取教训，一直坚定地勇往直前。

在韩国留学的日子

2020 年 8 月，谭婷丹前往韩国仁川的松岛新城准备入学。由于疫情的影响，她需要先隔离 14 天，然后才能开始正常的学习生活。正值暑期放假，延世大学为所有前来的国际留学生准备了一栋宿舍楼用于隔离，并提供一日三餐。韩国政府除了承担必须的核酸检测费用，还给每位留学生发放了生活大礼包，里面包含零食和生活用品。这是谭婷丹在留学期间最早感受到的韩国对于留学生的友好。

谭婷丹就读的韩国延世大学主校区在首尔新村，学校始创于 1885 年，是一所以基督教精神建立的世界顶尖级研究型综合大学，与首尔大学、高丽大学并称为韩国大学的一片天（S.K.Y.），是韩国公认最著名的三所大学之一。为实现由走读式学院型大学向世界先进的国际化居住式大学发展的目标，学校与政府签订协议，强制大一新生前往位于仁川的松岛校区度过他们的第一学年。松岛新城是韩国一座人工填海城市，城市面积大约相当于美国纽约曼哈顿市区。由于是近几年才发展起来的，城市环境优美，空气清新，国际留学生们可以更好地体验校园文化与城市文化。

由于之前有过在韩国语学堂学习韩语的经历，在生活方面她并没有什么不适应，但在学业上，她仍感觉到不小的压力。延世大学作为韩国大学里数一数二的高校，入学竞争极为激烈，韩国本地学生只有在大学入学考试成绩排名中位列前 1%，才会被大学录取。可以说，能在延世大学读书的学生都是极为自律且优秀的学生。"韩国学生真的很拼。"谭婷丹说，"我去预约图书馆自习的时间和座位，从来没有一次约到过，不论什么时间登录网站查看都是满的。我的宿舍旁边有个大楼，里面有一整层都是自习室，每天都会坐满学生，直到晚上 12 点灯还是亮着的。这里的学习气氛真的很浓厚。"

延世大学除了非常注重学生的学业，对于在校生的精神生活以及校园生活也很关注。由于学校创始人是来自美国的基督教传教士，学校一直保留着对基督教教义的传承与发展，要求所有大一新生必须修学两门关于基督教的课程，并且每周要参与礼拜活动。这个强制要求让谭婷丹很困惑，她说："我曾经跟我的指导老师明确声明过我不信教，但老师很宽容，他跟我表示学校不会强制要求学生信教，让我把这些课程当作是对当地文化的体验。"

2020 年 4 月，结束语学堂的课程，在回国之前与朋友在韩国小店相聚

对于校园文化的开展，谭婷丹大多时候是哭笑不得的，"学校为了让学生们体会集体生活，会发起很多宿舍活动，学生每个学期要参与四个宿舍活动，而且也是强制性的，算在学分里"。去年，谭婷丹参与了"早睡早起"活动、"冥想"活动、"一起看电影"活动以及"一起写作业"活动。校方开展这些活动的本意是促进海内外学生们的交流，然而因为疫情的原

因，活动全部转为线上，这让有些活动的形式变得"很奇怪"。"早睡早起活动就是每天早上 8 点要打卡，然后维持一周就算活动完成。"她说，"写作业就是在宿舍里大家开着摄像头对准自己，然后自己写作业；看电影就是大家看同一部电影然后写个观后感，等等。尽管这种形式有些奇怪，不过我的韩国同学对这些活动都很感兴趣。"

虽然学校会有很多在谭婷丹看起来"稀奇古怪"的要求，但她仍然很喜欢延世大学的校园生活。"延世大学的校园特别美，不论是主校区还是松岛校区，在这里学习、生活会觉得很快乐。此外，延世大学的校训'真理和自由'很吸引我，这也是我比较好奇的处世哲学吧。"

逆境中寻求更适合自己的道路

如今的谭婷丹声音明媚，笑容自信，可能谁也想不到在 1 年前，她正处在"至暗时刻"里。

2018 年，由于家庭原因，谭婷丹没能参加高考，因此复读了一年。高中三年，她的成绩一直很好，全家人一致认为复读一年，她会在来年高考中取得更好的成绩。然而复读的这一年让她倍感压抑、情绪低落，"当时我所在的班级全是复读生，复读生都是有目标的，就是只看结果，不在乎这个过程有多累"。谭婷丹说，"我们每天早上 6 点到学校，晚上 11 点离开教室，中饭和晚饭都在教室里草草解决。这种生活或者说这种教育形式我是能接受的，也能保持一个比较好的理性心态，但是感性上真的很痛苦。"在体验了一年的复读生活后，谭婷丹下定决心出国留学。

过去几十年，不论是韩国电视剧还是韩国明星组合都曾横扫亚洲，深受广大观众欢迎。谭婷丹也不例外，为了去看自己喜欢的组合的演唱会，她曾利用假期前往韩国几次，对于韩国文化比较了解。因此，在挑选留学国家的时候，她选定了自己比较熟悉的国家——韩国。"对于我来说，韩国是个性价比比较高的国家。"她表示，"韩国的大学没有日本、新加坡高校高昂的学费，跟欧美高校相比也没有很长的时差，路程也不远。如果我愿意的话，周末就能回家。而且在这个特殊时期去韩国留学，父母也会比较放心一点儿。"

2020 年，新冠疫情在全球范围内蔓延。韩国对于疫情的防控做得还是比较到位的，境内疫情状况也一直比较稳定。11 月，韩国政府还颁布了市民外出需要佩戴口罩的政令，表示在公共场所不佩戴口罩的话会被罚款 10 万韩元（约合 590 元人民币）。

勇往直前，未来可期

已经在韩国上了一学期网课的谭婷丹，决定下个学期留在家里学习。韩国与中国之间有 1 小时的时差，对于上网课不存在太大的影响。"之前决定前往韩国上网课是因为当时我已经很久都没有说过韩语了，感觉自己再不说它就该忘掉了。"她说，"我的韩语只学习了 3 个月就幸运地考过了高级，然后就申请到了学校。虽然基础打得还可以，但还是要生活在那个语言环境里才能掌握更多的词汇。"

同许多第一次在异国接受学术课程的留学生一样，谭婷丹也不能将老师所教授的知识全部领会清楚，但幸运的是，她上的是网课。"有时候需要回看课程的录播，才能理解老师说的是什么，所以其实网课也挺好的。"据谭婷丹介绍，延世大学的课程分为韩语授课和英语授课两种，学生可以根据自身水平选择课程。此外，韩国高校课堂非常重视小组讨论和演讲。在课上，老师给学生留下的更多的是一种思路和方向，学生需要在课下进行大量的阅读并查找资料，与同学展开讨论，最终形成一个小组演讲，发表自己的观点。

谭婷丹就读的专业是经营学，隶属于延世大学经营学院（工商管理学院），也是学院唯一的一个本科专业。该学院也是唯一一所同时获得 Triple Crowg 工商管理教育、美国 AACSB、欧洲 EQUIS，韩国 KABEA 所有认证的商学院。不仅在韩国，延世大学经营学院在世界范围内也是具有国际竞争力的著名商学院。仅 2018 年，在 500 强企业 CEO 中，就有 41 位毕业于此学院。

延世大学的经营学大体上分为市场营销、生产、财务、人事组织、经营科学、会计等方向，以培养专业经营人才为目标，在国际化和急变的环境下培养企业领导者，培养其灵活运用经营学的能力及组织协调能力等。由于涉及的范围比较广，学生毕业后的发展前途也比较广泛，有利于刚刚进入高等学府的大学生们认真思考自己今后想要从事的事业与方向。

深受家庭环境的熏陶，谭婷丹对金融行业抱有强烈的兴趣。自小，她就希望自己将来能从事金融相关的专业。"我对会计很感兴趣，未来也希望能从事这个方向的工作。"谭婷丹表示，"大一下学期我留在国内上网课，也是计划利用这个专业课不是很多的时间考下初级会计师的证书。大二开始要准备 ACCA 考试，可能就没有那么多时间了。"

按照谭晓丹的计划，她会利用寒暑假尽快修完所有的学分并考下 ACCA，然后大四的时候参与实习，积累工作经验。如此专注于学业，难道不会缺失一些对于异国的体验吗？面对这个问题，谭婷丹坦然道："肯定是会的。但其实我只是'浪费'了玩的时间，玩的体验感可能没有很好。可是我本来就比别人晚了一年，时间对于我来说就是压力，也是我应该去承担的责任所在。"

其实，在人生这条道路上，不可避免地会走一些弯路。然而，走了弯路并不可怕，吸取教训、努力弥补就好了。相信未来，谭婷丹仍能创造出属于自己的精彩人生。

关于留学的一些建议

一、要明白出国留学的意义在哪里。不要人云亦云，别人出国留学，你也要出国留学，要想明白出国之后的付出与回报是否能成正比。

二、一个人出门在外，自己要承担更多的责任。留学生的一言一行都代表着国家的形象，同时我们也要尊重别国的文化。

三、我们出国留学最主要的任务是学习。要时刻记住自己留学的目的是什么，不忘初心才能达到最理想的目标。

毕蓝：
15 岁独自赴美，在六年留学生活中战胜自我

从不满 15 岁就独自前往美国留学，到如今即将从纽约大学毕业，毕蓝已经度过了六年的美国留学生活。从最初的孤独、无助到现在的适应和习惯，她在这个过程中付出了很多，同时也收获了很多。

机缘巧合，低龄留学

毕蓝的父母都是做事很有规划的人，早在她上中学的时候就已经将其未来的求学道路规划好，希望她高中毕业后到海外就读大学，学习知识的同时增长视野，以便未来能够站在世界舞台上参与竞争。只是中考结束那年，她妈妈的一个熟人在当地一家留学机构工作，正好帮美国一所中学招生，手上有五六个名额，"妈妈认为这是去美国的一个很好的机遇，所以我的留学计划不得不提前开始了"。说到低龄留学的原因，她感慨说一切都是机缘巧合。

由于父母在国内都有稳定工作，无法前往美国陪读，她只能听从大人安排，到一个华人家庭寄宿。这是一个带有营利性的寄宿家庭，平时除了一日三餐和住宿，其他事情他们都不会过问，也不会主动提供帮助。对毕蓝来说，初来乍到的感觉记忆犹新，当最初的新鲜感消退后，无助和孤独的感觉便时刻围绕着她。

一年以后，这个寄宿家庭决定不再继续开展寄宿业务，他们准备去佛罗里达州养老，毕蓝不得不出来租房子。"那时候还没有成年，租房子需要监护人，从找房子、找监护人到签合同，都是我自己一个人完成的"，这是一段很煎熬但是回想起来又会为自己感到骄傲的时光。十几岁的毕蓝在文化差异的碰撞和被迫式的独立中获得快速成长的动力，这也是她现在变得淡定而从容的原因之一。

除却生活上的种种磨炼，学习上的挑战也是一大考验。考验之一便是很多留学生刚出国门时都会遇到的语言问题，从纯中文授课制课堂直接切换成全英文讨论式授课，她刚开始只能听懂几个单词，但是一个多月之后，基本可以听懂80%了，这得益于她较强的适应能力和学习能力。考验之二则来自中美教学方式差异所带来的冲击，美国高中多采用选课授课的形式，学生可以根据自己的兴趣选择相应的课程，"学校会为你排出一个课表，每节课一起上课的同学可能都不一样"，在这种情况下，很难直接建立起类似国内这样深厚的同窗友谊。"不过我们学校的学习进度相比国内高中来说要轻松得多，早上 8 点上学，下午 2：45 分就放学了"，度过适应期后，毕蓝在学习方面开始变得游刃有余，从 10 年级到 12 年级，每年都获得学校的荣誉证书，毕业时还被评为优秀毕业生。

申请失利，曲线求学

高中即将毕业的时候，同学们都在为申请大学而忙碌，毕蓝也一样。不过由于父母都是从国内教育体制中成长起来的，对美国的教育体制和申请机制都不是很了解，无法为她提供有效的帮助，她只能在学习之余自己研究如何申报大学，有些心有余而力不足，导致准备不足，与心中的目标院校无缘，进入美国纽约州立布法罗分校，就读数学专业。

提起数学专业，毕蓝说，这是她一直以来的兴趣所在，自己很愿意花时间钻研其中的奥秘，尤其是在进入大学后，经过实践和摸索，她更加确定，数学专业就是自己未来要不断深入研究的专业领域。不过纽约州立布法罗分校的数学专业并不强，转校的愿望在她心里越来越强烈。

确定要转校之后，毕蓝将数学专业全美排名第一的纽约大学作为目标院校，并开始为之努力，除了保持优异的 GPA 成绩外，她还积极参与课外实践，如申请了学校图书馆的暑期实习工作，为转校的背景提升助力，同时还特批成为极少数的本科生教学助手，负责数学专业课的作业和考试批改，并登记成绩，她所做工作得到了授课教授的充分肯定。在新东方指导老师的强烈推荐下，她还参与了一项由哈佛教授主导的科研项目，并且表现优异，期间不仅被选定为教授主讲课程的助教，还获得了教授的推荐信，为转校成功提供了极大的助力。一分耕耘一分收获，在美国纽约州立布法罗分校就读期间，她蝉联了 4 个学期荣誉榜，并且获得了全年级前 1%

的学生才能获得的国际学生奖学金。有了这些成绩的加持，转校顺理成章，纽约大学数学专业为其打开了一扇大门。

纽约大学建立于1831年，是一所全美知名的私立研究型大学，在伦敦、马德里、悉尼、柏林、巴黎等地共设有11个全球学术中心，享誉世界。纽约大学在哲学、数学、医学、会计与金融、法律、计算机科学等多个学科拥有丰厚的学术资源，其中柯朗数学科学研究所是全美排名第一的应用数学研究机构，这也是她一直心向往之的学术研究学府。

疫情暴发，转读分校

2020年6月，毕蓝在纽约州立布法罗分校的学期结束，下一学期便可以直接到纽约大学就读。只是美国的疫情日渐严重，各个大学也开始转为全网课授课状态，在这种情形下，她只能在家上网课，教学模式的转变让她感觉很不适应，"疫情可以说影响到了每一个人的生活，对我们学生而言是如此，对教授们来说同样如此"，她说，上网课的时候经常会遇到设备故障、网络影响教学等情况，教授和学生都处于一个全新的磨合阶段。

上网课期间，毕蓝一直在做助教工作，学生和老师两种角色几乎都体会过。"我觉得线上课程并不是很适合我，我很希望能够到线下上课"，恰好此时纽约大学有一个"go local"的项目，学生可以申请回到自己的国家去上课。与中国留学生对接的是上海纽约大学，这是一所由纽约大学与中国华东师范大学合作开设的中外合作大学，类似于纽约大学在上海的一个分校，位于上海浦东新区。2020年8月，她顺利回到上海分校，开始线下课程。

毕蓝提到，"go local"学生的课程设置跟上海分校原有学生的课程设置不同，上课也不在一个地方。不过在上海分校上课的体验，跟在纽约当地上课又有不同，"我们周围的同学全都是中国人，只有给我们上课的教授是外国人，感觉像是在国内的国际学校上课"。

她认为，留学的意义不仅仅是为了从不同的途径获取新知识，更是从不同文化、不同人文环境中感受成长轨迹一种方式，目前她计划 2021 年 9 月回到美国，继续未竟的学业。

旅美六年，感恩成长

因为疫情影响，2021 年的春节少了些许年味儿，对她来说却倍显珍贵。在此之前的五年，因为美国学校的假期与国内不同，所以每年的春节她都是自己一个人在海外度过的，而这个春节她也只能与父母团聚几天，春节假期结束后，她就要奔赴上海去实习。"疫情还未结束，两地奔波也让我感觉比较疲惫，所以我决定 GAP 一学期，暂时在国内实习。"她是一个闲不住的人，学习之余的生活也被安排得满满当当。

回国之前，她还到一家美国公司实习过，这家公司的主要业务是打造线上加密医疗平台，在新冠肺炎疫情期间为医生和病人提供线上就医机会，并根据用户需求，提供私密的心理咨询服务。虽然毕蓝的工作是参与平台开发，不直接接触客户，但是她也经常能够听到同事传达的客户反馈，"每当这时我就觉得自己在做一件真正惠及他人的事，这让我无比开心"。过往的实习除了让她学习到课本之外的知识，还收获了满满的成就感，这也让她非常期待接下来的实习工作。

六年旅美生活，她从一个少年变成了青春靓丽的女孩，时间将她打磨得更好，但是回首去看打磨的过程，她也感慨万千。刚开始在外租房的时候，需要自己做饭，她只能自己下载 APP 慢慢摸索，"有两次我炒肉没有炒熟，吃完后就严重腹泻，差点丢掉半条命"，有了这样惨痛的教训，她不敢再自己乱做东西吃了，于是每次室友做饭的时候，她就在旁边学习，然后买回一样的食材照葫芦画瓢。回忆往事时，她笑称，"做饭也是一个技术活儿"。

生活中的挫折和困难都是暂时的，克服它们之后自己就会变得更强大。如今的毕蓝很独立，也很坚强，于她而言，未来不再有不敢走的路。

关于留学的一些建议

作为一名"资深"留学生，毕蓝给现在正在为孩子留学做准备的家长，以及正在准备留学的同学们提出了一些有用的建议。

一、低龄留学要做好理性思考。十几岁出国所遭遇的种种困难很锻炼人，但这个过程也不是很愉快的，所以低龄留学未必适合所有人。她建议，如果家长有意让孩子低龄留学，一定要提前想好自己的孩子是否适合，如果选择低龄留学，也要尽可能地为孩子多做准备。

二、学会做饭。出国留学是一个完全独立生活的过程，一日三餐必不可少，学会做饭是开展独立生活的第一步。

三、打好语言基础。出门在外交流必不可少，语言基础至关重要。

CHAPTER 3

即将入学的留学生

BEYOND
OVERSEAS
STUDYING

王宇瑶：
提前一年满绩点毕业，在数据科学里追逐毕生理想

一年前，从山东大学毕业的王宇瑶凭借优异的成绩进入哥伦比亚大学（哥大）就读统计学硕士，这位从山东考试大省中脱颖而出的学霸不负众望，提前一年修完了两倍的课程（5+6门课），满绩点毕业。采访时，她刚完成四所美国高校的博士申请，"走完必须走的路，才能过想过的生活"。

渴望挑战，如愿赴美

从小学到大学，虽然王宇瑶在应试教育中表现得游刃有余，但她其实一直渴望接受多元化教育制度下不同类型的挑战。抱着这样的想法，她对出国留学充满向往。不过由于课业压力比较大，语言考试一直被搁置。大三的时候，她参加了一些科研项目，在不断探索中，她找到了想要毕生为之努力的事业方向——数据科学。

数据科学是研究自然科学和社会科学的一种新方法，数据记录了人类的行为，包括工作、生活和社会发展。在当下这个大数据时代，数据科学作为一门交叉学科，会涉及包括统计学、数学、计算机、人工智能、机器学习、数据库、模式识别、可视化技术等在内的多学科知识。这个专业与人类的未来息息相关，作为高精尖专业，目前美国在这一领域的发展相对领先，哥伦比亚大学更是以世界顶尖的大数据科学与工程研究室著称，这最终促使她下定决心去美国留学。

大三下学期，王宇瑶开始正式为出国做准备，一切都在匆忙中进行，考托福、GRE、准备软实力项目，时间紧任务重，不过一分耕耘一分收获，她如愿进入哥伦比亚大学，学习数据科学。

出国前，因为托福考得不错，她对自己的英语表达很有信心，不过抵达纽约的第一天，却有点儿遭受打击。初抵纽约，需要置办日用品，但是采购的时候，有些东西不知道在哪里，她想询问工作人员，却发觉诸如"保鲜膜""速食饭中要加的小料"还有各种蔬菜、鱼类的具体名目等单词都很陌生，这些专有名词托福考试很少涉及，但日常生活中却处处会用到。纽约超市里网络信号很差，也没办法上网查询。这种窘迫感让她记忆犹新。

"那个时候我才发现，原来想要在国外生活得很好，需要在语言上付出很多的努力。"后来生病去医院也是如此，尽管在去之前她已经将可能会用到的相关药名背得滚瓜烂熟，但到达医院后，她发现自己无法准确描述自己的生病状态。因为口语所带来的这些困扰一度让她觉得很沮丧，但也正是这些真实的困难，推动她加速成长。

他国风情，人文哥大

帝国大厦的灯火彻夜璀璨，因此纽约被很多人称为"不夜城"。在王宇瑶看来，这是一个让人充满奋斗感的城市，同时很温暖、很包容，它赋予了自己很多隐性的力量。不论是脚踩细高跟鞋手握咖啡赶路的年轻姑娘，还是西装革履精神抖擞的白领，街上的每一个人看起来都充满热情、干劲和朝气。

哥伦比亚大学校园一角（一）

哥伦比亚大学校园一角（二）

　　她还讲到，在哥伦比亚大学对面，有一座养老中心，在她上学的路上，经常能看到在室外的摇椅上荡秋千的老人家，他们会热情地跟自己打招呼："Good Morning，sweety。"这让身在异国他乡的王宇瑶感觉很温暖。

　　与纽约的繁华遥相呼应的是哥大的人文情怀。哥大期许学生将科研成果应用于实践，用自己的努力改变世界。在今年哥大的毕业典礼上，校长在演讲中所展示出的人文光辉让王宇瑶至今提起来依旧动容："在这个艰难时刻，让我们在人性光辉中寻找内在的关怀和意义。我们继续追寻真理，并寻找方式来帮助这个世界""对于真理和知识的探索，像泛泛之谈。但却是像哥大这样的大学存在的目的。当面临危机，人们仰仗着大学的指导和帮助。学者们长久以来苦苦追寻的知识，为打造更好的社会提供了基础。社会期望大学研究出未知病毒的药物和疫苗。大学不再是脱离现实的象牙塔，而是以无穷的科学研究和学术精神，寻找挽救生命的知识。"

在疫情之下，这番话语中兼济天下的情怀为每一位前去求学的学子赋予了一种伟大的使命感，它与国界无关、与个人竞争无关，哥大校训"借汝之光，得见光明"所传达的理念与此一致。

她还提到，哥大是一个对中国留学生非常友好的学校，而且与华人渊源颇深。哥大工学院就是由华人傅在源先生出资捐献建成的，并且因为学校里中国留学生人数较多，所以学校周围开设了很多中餐馆，形成了独有的"哥大特色"。这所学校给了她很强烈的归属感，来自不同国家、不同家庭环境和文化背景的人聚集在一起，在学习与交流中共同奋斗。在她看来，志同道合的校友是一种充满潜力的人脉资源，在毕业后的很多年他们依旧能够为彼此创造福利。

学海浩瀚，自我蜕变

在纽约生活学习的这一年，虽然忙碌又辛苦，但也给王宇瑶留下了很多美好的回忆，让在成长中实现了自我的蜕变。首先是眼界的提升，来自全世界不同国度，有着完全不同肤色、不同成长背景的同学们汇聚一堂，在思想的碰撞中丰富、完善彼此的世界观。课堂上，与时事联系紧密的课题让她不再只是关注自我，而是放眼世界，去关心整个人类和社会的发展。

其次是迷人的学海探索给她带来的全新体验。美国的精英课堂教育非常注重"起点低，落点高"，王宇瑶提到，老师会用最基本的知识来引导大家接触最新信息，贯穿整个理论体系。经过一个学期的训练和学习，只需要最基本的大学线性代数和微积分知识，就可以看懂最前沿的论文。"一次统计推断课上，教授在黑板上详细证明了一个模型检验的公式，在分析了电脑默认程序的缺陷后，当场重新编写了一个计算程序，几秒以后，验证出他设计的模型计算精度比固化的程序更好。"正是这种偏重科学发展、思考和批判的课堂教学模式，让她对这一领域的学习兴趣越发浓厚，想要不断去探索更浩瀚的部分。

关于如何进行高效的学习，王宇瑶提到，哥大的教务系统会在每个学期开学前一周推出该学期每门课的教学大纲，并且详细列出课程介绍、教学目标及预习内容、课堂主题、课后作业、考试时间等。以兴趣做奠基，她充分利用碎片化时间，提前一年满绩点顺利毕业。

王宇瑶在哥伦比亚大学 Butler 图书馆学习

除了知识的积淀，谈到留学期间的其他收获，她说，异国求学让自己更加懂得如何管理情绪，同时与人交往的能力也得到很大的锻炼。在国内的时候，王宇瑶一直是同龄人中的佼佼者，初到哥大，却有种"池鱼入海"的感觉，面对身边比自己优秀很多的同学们，她感到很焦虑。在这一年里，她学会了快速适应和飞速成长，也在不断崩溃与重启中学会与自己和解。"在图书馆洗手间的隔间里，我听过太多不堪重负的号啕大哭。很多时候，完美的表面并不是故事的全部""我变得更善于交朋友，同时也懂得了如何更好地与人相处"。凭借着个人魅力，王宇瑶结识了很多志趣相投的朋友，他们价值观中观点自由、不影响他人、不贴标签、尊重他人隐私自由等闪光点，也给她带来了很多对自我的反省，让她的内心变得更加强大。在这个过程中，她的英语口语能力也得到了很大提升。

山川异域，风月同天

2020 年突发的疫情让很多留学生措手不及，尤其是留美学生。疫情暴发初期，听闻武汉正在紧急征集防疫物资，哥大学联第一时间开始组织针对武汉的物资募集，他们联系了全美超过 300 家供货商，累计工作超 200 小时，最终募集捐献了 1300 余件防护服，甚至有些学联成员还愿意贡献自己家做"临时仓库"，接受协调运输物资的同学们。王宇瑶虽然不是学联成员，但也热情地参与募集活动中。在并肩作战的过程中，她发现，所有的中国留学生在这件事情上都非常热情，人在海外但心系祖国，山川异域，风月同天，这是对祖国的一种由衷热爱和责任感。

3 月 1 日，纽约出现第一个 0 号病人，家里人非常担心，加上已经毕业，于是她买了 3 月底的机票，赶在旅行禁令发布之前回国。

多难兴邦，越是这种艰难的时刻，就越能感受到国人之间的紧密联系。回国的时候，纽约的疫情发展已经很明显，所以租车不是很方便，她联系到一位华人司机，请求对方送她去机场。司机很热情地答应了，并且在车上做好了非常周全的防备措施，有口罩，也有消毒水。回国后，需要经过 14 天的自我隔离，在隔离酒店，工作人员也让她感觉很温暖、很安心，"不光可以吃隔离餐，还可以点外卖。酒店的工作人员会戴着消毒手套把餐食放在被酒精喷洒过的椅子上"，王宇瑶笑称。

自由翱翔，拥抱未来

回国后，王宇瑶一边准备申博相关事宜，一边寻找实习机会。6月，正巧遇上清华大学的一位教授在找暑期实习生，她试着投了份简历，想不到竟然顺利通过，成为其研究助理，将自己所学真正用于实践当中。

在她看来，实习能够让她接触到这个行业最先进的研究知识，并且走出校园象牙塔，用自己所学去解决实际问题。她还提到，实习的科研项目中的导师都非常年轻，交流沟通起来很轻松，甚至他们会互相制作对方的表情包，工作过程很愉快。

父母鼓励她去追求自己喜欢的领域，这是她能够无畏向前的坚实后盾。难能可贵的是，她对当前的社会需求和自我提升之间的关系认识明晰："我曾读到过一位作家的话，他说，一个人靠什么才能在社会立足，不被其他人轻易取代？最核心的要素，无非是以下两点：稀缺的个人价值和自觉快速成长的能力。"

作为高精尖专业之一，数据科学在制药业、计算机软件、互联网、科研、IT技术服务、生物技术等众多领域应用广泛，从国防部、互联网创业公司到金融机构，很多核心项目都需要大数据项目做创新驱动，王宇瑶的未来大有可为！

关于留学的一些建议

告别这段难忘的留学经历，已经做好了开启下一段留学生活准备的王宇瑶，给当前正在准备留学申请的同学提出了一些实用的建议。

一、日常中多积累一些英语口语。初到纽约时，因为英语口语问题导致的窘迫状况让她记忆犹新，所以她建议确定要出国留学的同学多积累一些英语口语，避免出现同样的情况。

二、面对压力一定要学会释放。留学是将自己置于一个更为广阔的世界舞台中，周围优秀的人会更多，学业压力也会倍增，面对压力，一定要学会释放。她解压的方式是奖励自己去看一场百老汇演出，沉浸在音乐的海洋里，让思维跳出学业压力的枷锁。

三、采用高效的学习方式。她建议大家把握零散的时间，多和同学、老师、助教交流，同时认真对待课下作业。她还特别推荐康奈尔笔记法，它可以帮助大家系统而有逻辑地记笔记。

洪钰杰：
直面疫情，坚定地向"骑在羊背上的国家"前进

      洪钰杰正在河北大学工商学院读大四，目前已经拿到了澳大利亚悉尼大学和昆士兰大学商科及经济方向的预录取。她热衷于利用自己擅长的事情去为社会创造价值，正是抱着这样的理想，她目标清晰，并且想要在知识领域进一步拓展。

从小深种的留学梦

洪钰杰的留学梦是从中学开始的，那会儿她参加过一次暑期夏令营活动，来自全国的孩子集中在秦皇岛一中，在来自美、英、澳大利亚等地区老师的带领下，感受不同教育模式的魅力。在这个过程中，不同的社团文化以及体育运动让她印象深刻，老师们亲切自然的教学方式也深深地吸引了她，她渴望去体验多元化的学习和生活方式，也希望能够在更大的世界舞台上展示自我。

半个多月的夏令营活动让她看到另一种教育模式的魅力所在。从性格方面而言，她认为自己热爱创新，并且喜欢冒险，因此对于课本知识之外的社团、实践活动等非常感兴趣，而在国内的升学压力相对较大，书本知识之外的内容也不太受重视，通过夏令营活动以及自己查阅资料，她了解到，澳大利亚崇尚人文教育，其教育的目的就是培养有独立技能的人才，包括与人沟通的能力、独立解决问题的能力、团队协作的能力、批判性思维等，以让学生今后能够独立面对社会。这与她心中所渴望接触到的多元教育形式相契合，促使她的留学梦深种。

洪钰杰说，中学地理上提到过，澳大利亚是世界上最适宜人类生活的国家之一，它被称为"骑在羊背上的国家"，这一称呼充满田园气息，让从小生活在城市中的她充满向往之情。而且她有一位高中时期便在澳大利亚读书的朋友，在沟通过程中，朋友告诉她，澳大利亚的自然环境非常好，四面临海，空气清新，地广人稀，而且生态保护得很好，这些描述让她更加向往前往那里学习。

在申请院校时，洪钰杰也考虑过英美国家中综合排名较高的院校，不过从总体上来看，澳大利亚两年的学制以及灵活的实习政策，更加符合她内心的预期。她认为自己是一个很理智、很务实的人，因此在申请专业的时候，她以本科所学的税务专业为基础，结合自身所擅长和感兴趣的部分，选择了经济学，同时又申请了另外一个专业——商科，作为保底。

确立目标，成功拿到预录取

从开始准备到拿到预录取，对于洪钰杰来说，是一件顺理成章的事。在申请之初，她就将目标院校定为悉尼大学和昆士兰大学。在她看来，这两所大学都是世界排名前50的院校，同时位于澳洲三大城市之列，不论是从学业考量，还是从感受人文情怀出发，都是非常不错的选择。

她深知，出国并不是为了追求一处"世外桃源"，而是为了走向一个更大的竞争舞台，在不同性格、拥有不同文化背景的环境磨合中获取更多的知识与技能，所以她在紧抓学业的同时，还积极参与各类实践活动。在校期间，她多次获奖，在各种实践活动中也收获良多，这些都成为她成功申请到院校的关键。

洪钰杰所获得的部分证书及奖项展示

在2020年的寒假期间，钰杰找了一个某律师事务所的实习工作，她说，这个工作不仅让自己学到了很多课本之外的东西，而且让自己更加明确了坚持的力量。实习期间，因为正值疫情暴发期，需要在家在线办公，她在填写底稿时面对几千个数据和复杂的公式，无从下手，虽然很崩溃，但是在经过自己推导，加上同事领导的帮助，她把所有底稿填写的规则和方法都记清楚了，顺利完成任务。"它带给我的不仅是一项工作技能的掌握，更是对自己态度的一个肯定，我想在未来，无论做哪个行业，这段经历都会成为鼓舞我坚持的力量。"

这份坚持还延伸到她对申请的留学专业的坚持上。其实从高中开始，她就对经济领域很感兴趣，但是高中文理分班的时候，考虑到文科未来考大学时选择范围相对较窄，家里人觉得理科才是更佳选择，后来选大学专业时也是如此。洪钰杰的父母都是军人出身，因此对她的管理比较严格，希望未来的她能够从事一份稳定而体面的工作。虽然一直很尊重父母的想法，但是从内心出发，她还是很期盼能在自己喜欢并且擅长的领域不断探索的。这次决定出国留学，因为疫情影响，她的父母并不是很赞同，但是这一次，为了梦想，她选择了说服父母。

直面疫情，坚定出国信念

2020 年的疫情影响到方方面面，留学生的生活更是备受影响，很多人出国留学的计划也因此而夭折。与之相反，同样是在疫情期间申请出国留学的钰杰对留学前景非常乐观，她认为"凡事都是具有双面性的，有利就有弊"，疫情也许会带来一定的影响，但是也带来了很多机遇。在疫情之下，学校为保障学生的权益推出了很多人性化举措，例如上网课等，这些都是有目共睹的，而且海归的价值并不会因为疫情而失去分量。

钰杰说，她曾经唯一担心的是自己的投入与产出不能成正比。她一直想拥有一栋属于自己的房子，有一次她跟妈妈聊天开玩笑说，出国留学需要花费几十万，如果把这个钱拿去买房子，自己的压力会不会小一点儿，没想到妈妈很严肃地反问她：光有房子没有事业，你每天就光守着一栋房子来看吗？

　　妈妈的话让她幡然醒悟，与其纠结成本能不能对应收获，不如顺从自己的内心去选择。如果想出国留学，那就尽力去学习，利用一切能抓住的资源，把自己变得更加优秀。她很喜欢"会当凌绝顶，一览众山小"这句诗，在她看来，无论大环境怎么变，这个社会永远会对有能力的人敞开怀抱。

期待开启人生新篇章的洪钰杰

钰杰认为，出国留学不仅仅是获取知识的一种途径，更是拓宽事业以及交流文化的一种方式，国外多元化的教学环境与截然不同的生活理念是对视野的一种很好的扩充，而且独自远赴重洋学习和生活也能大大提升自己的独立生活能力，结交外国友人又能够为文化的学习以及个人的语言沟通提供帮助。

基于此，她对出国留学充满憧憬，目前澳大利亚疫情防控政策正在慢慢放宽，作为赴澳留学的准留学生，她期待能够如期到达澳大利亚，在异国人文熏陶中开启人生新篇章。

期待用自己所学，贡献社会

谈到出国留学，除了为个人发展考虑外，能够学有所成之后报效祖国也是钰杰一直以来的初心。洪钰杰说，经济学是一个很宏观的学科，深入研究就会发现，它涉及生活的方方面面，同时也在潜移默化中影响着方方面面。她提到了《牛奶可乐经济学》这本书，从这本书的讲述中，我们可以发现生活中的很多现象都能从经济学的角度来解读。她希望能够在这个领域深入研究，在学有所成之后尽自己的最大努力去改变社会。

这份热心从她很小的时候就一直存在，因为喜欢阅读并且涉猎广泛，她对心理类知识非常感兴趣，并且也一直用自己所学的心理学知识去帮助身边的同学。在协助班级管理中，在慰问老兵活动中，在脱贫调研的过程中，她一直坚信自己的力量能够让这个社会变得更美好，哪怕个人的力量只是一束微光。

目前她正在准备毕业答辩，同时也在为出国做准备，面对可能出现的困难，如语言交流问题，她也在积极准备应对策略。洪钰杰提到，自己目前正在备考 ACCA（国际会计注册），其中会涉及很多专业词汇，在备考的过程中需要接触大量英文资料，这能够很好地提高自己对大篇幅英文的理解能力。

这是一位冷静且理智的姑娘，她正坚定地朝自己的人生远方奔跑，为此她可以持续不断地付出努力，这份自律让人由衷地佩服！

洪钰杰参与脱贫调研实习工作

关于留学的一些建议

提到留学，洪钰杰从个人角度对跟她一样正在申请留学的同学们提出了一些建议。

一、申请前做好规划。准备申请出国前，先想清楚自己未来想要做什么，以及自己感兴趣的领域是什么，不要盲目决定、仓促申请，这样很容易导致申请失利或在学业上进退两难。

二、申请过程中要充分展示自身实力。将自己的优势进行全方位展示，很多院校不只是看成绩，还会综合考察申请者的整体素质，因此课外活动和课外实践也很重要。

三、永远不要停止学习。学习就如逆水行舟，不进则退，当今时代瞬息万变，只有不断学习才能跟上发展的步伐。

刘佳林：
留学澳洲，一次探索"自我"的旅程

    2020 年年初，一场突如其来的疫情几乎打乱了所有人的生活节奏。长达数月的隔离时光，让刘佳林又爱又恨。因为疫情，雅思考试连续几个月被强制取消，这对他的留学申请进程造成了一定的影响，但这段时间也给他带来了一次可以静下来与自己交谈的机会。放弃热门的金融学，选择鲜有耳闻的房地产评估专业，是他为自己挑选的未来道路。

疫情期间，在"冷静期"中找寻人生方向

同很多准备出国留学的同学一样，作为一名"211""985"院校本科财务管理专业的学生，刘佳林也有一个"去世界名校读金融"的梦想，认为自己未来能成为那个在各个领域中心"呼风唤雨"的人。手握悉尼大学和新南威尔士大学两大名校的金融学硕士 offer，刘佳林感觉自己离这个梦想好像更近了一步。

然而，疫情所带来的影响像一盆冷水浇在了他头上。疫情的全球性蔓延，让世界经济发展几乎停滞，很多行业遭到了毁灭性的打击，也导致了就业形势的异常艰难。即将出国深造的刘佳林虽然没有找工作的烦恼，但同学的就业困境他都看在眼里。"我身边有很多成绩很好、很有能力的同学，他们都找不到工作，这让我犹豫是不是该换个方向发展。"刘佳林说。

在长达数月不能返校也不能考雅思的隔离期内，除了完成毕业论文和每天的语言学习，刘佳林几乎把时间都用来和已经出国的前辈们、老师、家人和朋友进行对未来至少五年的规划和设想。在这个"冷静期"中，他发现，自己应该多从未来的职业生涯考虑，选择一个在类似疫情的特殊情况下受影响尽可能小，同时又符合自己专业和喜好的行业。

2020 年 5 月中旬，刘佳林递交了莫纳什大学 BIS 专业和墨尔本大学房地产评估专业的申请，最终他选择了接受墨尔本大学的 offer，放弃之前去悉尼的两所大学就读金融专业的计划。"经过这段时间的探讨与思考，我觉得还是去一个更加具象化的行业可能比较好。"刘佳林说，"金融是个比较抽象的学科，而房地产就比较具体，不论我今后去房地产公司工作也好，去物业公司就职也罢，都不太会受到类似疫情这样的环境波动影响。此外，澳大利亚的房地产行业发展得非常成熟，根基也很牢固，虽然这个专业不大受中国留学生欢迎，但我觉得就业前景还是很光明的。"

众所周知，澳大利亚作为留学大国，拥有世界领先的教育制度、合理

的留学费用、安全的生活环境和积极的移民政策。每年都有大量的留学生和移民涌入澳洲。人口的增长也带动了住房的需求，澳洲统计局（ABS）2016年公布的数据显示，当年，约有55万来自200多个国家的留学生来到澳洲学习。近几年开放的"小学毕业即可赴澳洲留学"政策，更是令租房需求和市场日益旺盛，也促进了澳洲租房的低空置率和高回报率。"我之前查过一个数据，澳洲这边房产的空置率只有3%，这是一个控制得非常好的数字。正好我也非常喜欢跟人打交道，房地产这个行业我觉得也蛮适合我的。"刘佳林笑着表示。

学业 or 课外活动，寻找两者之间的平衡

爱社交、爱"玩"、爱"折腾"，这些看似不务正业的爱好曾让刘佳林的长辈们担忧不已。在吉林大学就读本科期间，刘佳林热衷于举办和参加各种活动，并长期承担着各种活动负责人的工作。刘佳林的老师也曾为他担心，觉得他参加这么多与本专业无关的活动，或许会影响他未来的留学申请。但刘佳林却觉得，正是他爱好的这些领域、举办的这些活动对他的留学申请起到了促进的作用。"我觉得这些课外活动给我提供了很多锻炼的机会，帮助我找到了自己的方向，也给了我前进的动力和勇气。"刘佳林说。

作为一个土生土长的西安人，初到长春这片陌生的土地时，刘佳林感到有些迷茫。异常寒冷的气候、不习惯的"作息时间"、全新的环境令他无所适从，也对他的学业造成了影响：大一学年的平均分低于70分。而世界名校对于GPA的最低要求也要到80分以上。在制订出国计划时，虽然很不甘心，但刘佳林明白如果继续保持这样的成绩，他是不可能申请到自己的梦校的。

其实，刘佳林也纠结过，是不是应该适当地放弃所热爱的事业，将更

多的精力投入作为学生的本职工作中去。但除却书本之外的知识，刘佳林觉得人际交往能力也尤为重要。卡尔·马克思曾说过："人是最名副其实的社会动物，不仅是一种合群的动物，而且是只有在社会中才能独立的动物。"能够在一个兴趣团体里长期保持一个活跃地位，这也是对一个人能力的提升和锻炼。"很多人都说大学就像一个小社会，如何跟各种各样的人沟通交流，如何待人接物，我觉得这对于个人今后的发展都是有帮助的。"刘佳林表示。

名校是理想，当下是生活。真的要为了理想而放弃现在热爱的生活吗？刘佳林不想做选择题。在后来的本科生涯里，刘佳林不断地尝试，逐渐找到了可以在学习和课外活动间保持平衡的方法。"学习是一个细水长流的过程，"刘佳林说，"我每天都会拿出一点儿时间来复习今天学习的知识或者预习一下书本上的内容，这样如果突然有一个活动或者考试的话我也不至于紧张，好像我手边有没做完的事情一样。"在频繁参加课外活动的同时，他的学业成绩也以肉眼可见速度的增长，最终毕业时他的平均分为 80 分，实现了自我的超越。

最终刘佳林获得了澳洲八大名校中悉尼大学、新南威尔士大学、墨尔本大学和莫纳什大学 4 所高校的 offer，实现了之前难以企及的"梦想"。

留学申请，对"本我"的不断探索

为什么要去留学呢？这个问题刘佳林也曾认真地思考过。最初，留学对于他来说更像是一场"跟风"。在初中、高中的时候，刘佳林就知道，他将来要出国。"家里亲戚的孩子，那些哥哥姐姐都出去了，所以我也要出国。"他说。然而，等到真要开始准备出国计划的时候，他才知道这不是一个简单的"随波逐流"，这是一场自我发现的旅程。

出国留学从来不是一件轻松的事情。经济能力、学习能力、个人喜好、职业方向等都是需要考虑的事情。去哪个国家？选哪个学校？学哪个专业？各种各样的问题都要一一解决。刘佳林从来没有这么清醒地认识自己，这么清楚地看见未来。

如果用一个形容词来形容自己，刘佳林大概会选择"探索"这个词。他选择了家里哥哥姐姐没有去的澳大利亚留学深造，选择了跟自己本科专业跨度比较大的硕士专业学习，选择了一条他的同学几乎不会选择的职业道路前行。"这大概也算是一种'叛逆'吧，"刘佳林开玩笑般说道，"其实，准备留学本身也给了我一个目标，对我有了一个激励的作用。在这个过程中，我不断结合我在学校所学的知识，在课外活动中挖掘出的个人性格以及对很多事情的看法，不断完善着自己的体系，最终找到了属于自己的一个方向。"

未来，期待探索更多

距离研究生入学还有几个月时间，刘佳林找了份银行的实习工作。"主要是想丰富一下自己的经历，顺便拓展一下人脉。"刘佳林说，"其实银行和房地产一样，都属于服务型行业，今后会面对各种不同阶层、不同地区的客户。能从交谈中快速观察出客户的文化背景、受教育水平等信息，就能为对方提供更舒服或者更礼貌的服务方式，我觉得这会对我今后的业务能力有所帮助。"

闲暇时，刘佳林会写一些文字，将自己本科时期遇到的朋友、发生的故事一一记录下来。对他来说，记录下的不只是时间，更是友谊。"大家来自不同的城市、不一样的家庭，能够在一起相伴四年的时光，本身就是一件非常幸运的事情。"刘佳林说，"在不断回忆的过程中，通过这些故事，我也从别人身上看到了更多的闪光点，也找到了更多值得我学习的品质，比如坚韧、比如友善。这些记录也是对我未来不论是学习还是生活道路上的一种激励。"

刘佳林有一句非常喜欢的话，是这样说的：当我们走出去之前，我们会觉得我们的家就是我们的全世界；但是当我们走出去之后，我们就会发现原来世界才是我们的家。这句话令他触动，也更让他坚定了走出去的想法。

世界那么大，我想去看看。对于刘佳林来说，这个世界就是他探索的乐园。

关于留学的一些建议

一、找到自己的方向。有目标、有方向才会有动力。找到自己的方向非常重要，它能帮助你做好时间上的规划，明确自己未来的道路在哪里。

二、坚定自己的信念。刘佳林认为一个人的眼界是否宽阔，未来的道路能走多远，都是跟他去过多少地方、见证过多少事情成正比的。坚定自己的信念不动摇、不迷茫，也能更好地帮助自己做好每一件事。

张奇琦：
从语言到文化，愿做连接中国与世界的桥梁

　　大一的时候，老师曾让张奇琦和她的同学们为四年后的自己写一封信，里面要写上自己的目标和梦想，到毕业的时候再打开看看有没有实现。当时的她，写下的就是希望四年后能手握梦想高校的研究生 offer，踏上出国留学的旅程。"走出去""独立"是张奇琦一直以来不断践行的行为准则。

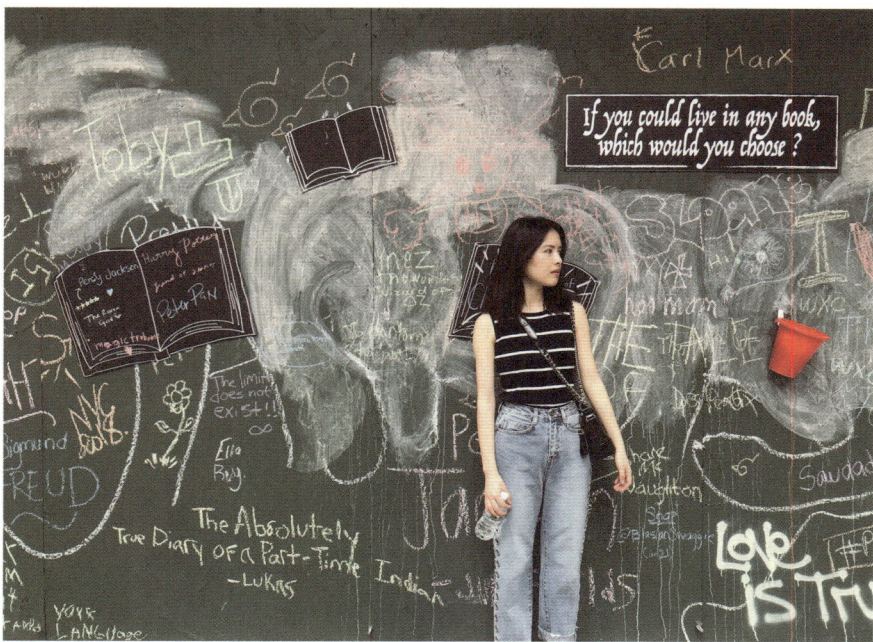

走出去，看更大的世界

浙江省的学生在高中毕业之后大多会选择在省内上大学，但个性独立的张奇琦很有想法，高考志愿她执意报考了湖北武汉一所高校的英语系，想离开父母体验独立的感觉。上了大学之后，她又想要出国去念研究生，去看更大的世界。她说："我从来就没想过要在国内读研，就希望以后能出国深造，作为英语专业的学生，我觉得有必要走出去看一看。"

大二那年，张奇琦选修了一门英国历史文化课。看似机缘巧合的选择，却让她的人生走向了另一个方向。这门课的授课老师 May 在张奇琦眼里是一位非常优秀的老师，温和但又严苛。大一的读写课以及如今的毕业论文都是在这位老师的指导下完成的，可以说 May 老师对她的影响十分深刻。这位老师从英国留学归来，经常会在课上通过自身经历讲解英国的历史文化，这让年轻的张奇琦对英国产生了浓厚的兴趣和向往。

张奇琦在纽约大学上暑课

随后而来的暑期更让她坚定了出国读书的想法。张奇琦参加了美国纽约大学开设的暑课，从未体验过的西方教育方式让她记忆犹新。"我有一个老师叫Amy，她非常有活力和亲和力。她当时教授的课程是语音课，但我觉得更像表演课。"张奇琦说。Amy老师的语音课授课方式非常西化，她不会直接告诉学生一个单词或者一个字母该如何发音，而是设置一个互动表演向学生展示这个发音需要用到脸上或者嘴部的哪些肌肉，需要什么样的表情。对于中国学生而言，授课的方式有些夸张，但确实能很好地帮助学生体会英语发音、发力的方式。而这种授课方式也能让学生快速参与到课程的互动中，并从中体会到快乐。"我特别喜欢在这种自由的氛围下学习，觉得这种授课方式很适合我，也能让我在课堂上更加积极，更坚定了我留学的决心。"张奇琦总结道。

亲身经历，才知文化差异

很多学生在选择学校的时候大多会关注学校排名，然而张奇琦更关心专业课程是不是她感兴趣并喜爱的。"其实不论选什么专业，兴趣和动力都是最重要的。保持好奇心与兴趣，才会有动力把一样东西学好。比如，本科选择英语专业就是因为我喜欢英语，专业课的学习让我比较开心，课程的设置我也很喜欢。相比一些不热爱本专业的同学而言，我会学得更好一点。"张奇琦表示。

既然这么喜欢英语这个专业，为什么不继续学习呢？张奇琦介绍到，本科所学的英语专业有四个方向可供继续深造，分别是文学、文化、翻译和语言。原本，她并没有想好研究生会从中挑选哪个方向继续深造，然而大三那年一次前往泰国曼支教的机会，让她重新梳理了自己的想法，决定往文化类方向发展。

2019年，张奇琦来到曼谷附近一个经济不太发达的地区教当地小孩子英语。同时，她也得以结识了一些泰国大学生。在与他们的交流过程中，她发现虽然中国与泰国的距离如此之近，然而大家对于彼此却不是那么了解。"大部分泰国人完全不了解中国，而我们对泰国的文化也一知半解。如果不是与这些泰国大学生们聊天，我可能不会发现，随着时间的推移，泰国年轻人对待佛教已经不像老一辈人那么虔诚。此外，他们对于中国人还抱有刻板印象，我在泰国听到最多的话就是'你的英语怎么会这么好？简直不相信你是一个中国人！'他们普遍认为中国人的英语就应该很不好。"张奇琦表示。

张奇琦在曼谷教当地小学生学英文

曼谷之行让她深深感受到文化之间存在的巨大差异，一种责任感和爱国情怀也油然而生。"我在居住的酒店结识了当地一名勤工俭学的大学生，他特别崇拜美国，却对中国一无所知。"张奇琦说，"他不知道中国已经发展成世界第二大经济体，他一点儿也不了解中国拥有悠久的文化。我作为中国新一代的年轻人，就应该发挥桥梁作用，让中国与世界产生更多联系，让世界更加了解中国。"

遗憾与成长

张奇琦的梦校是英国的伦敦大学学院，然而在提交申请后很快就被拒了。收到消息的时候，张奇琦还是有些失落的。她的条件很好，"985""211"高校毕业，本科期间保持着极高的GPA，成绩优异。但伦敦大学学院传媒专业并不多，张奇琦又是跨专业申请，再加上疫情期间英国高校申请人数上涨，竞争压力巨大。但此次的失败并没有让她灰心，通过与顾问老师的沟通，她决定尝试二次申请该校社会传播类的另一个专业。"校方可能有自己的考量，但我还是想为自己的梦想再试一试！"张奇琦表示。

人生或许很难做到没有遗憾，但有时候这种遗憾也能让人成长。在经历了留学申请的起起落落之后，张奇琦觉得自己仿佛也成熟了一些。如今，她已经收到了来自英国华威大学、利兹大学以及卡迪夫大学四个专业的offer，还在等待伦敦大学学院以及伦敦国王学院的消息。

在等待offer的这段时间里，她报名参加了一些社会学的课程，买了很多社会学、传媒类的书籍，打算自学一些相关的知识。同时，她决心将很久没有再碰过的德语捡起来，好好完成德语的学习。"大一的时候报名了德语课程，想要作为'第二外语'来学习，但后来越来越忙就把它放下了。现在觉得还是要把它学完，毕竟已经'开了个头'，而且在全球化背景下，小语种的作用也越来越重要。"张奇琦表示，"未来，我希望能有更多的机会去不同的国家，了解不同文化之间的差异，将中国的优势传播到更多的地方，做好中国与世界的桥梁。"

关于留学的一些建议

一、一定要早做规划，尤其是考虑要转专业时更要早做计划，不然后期就会特别仓促，自己的压力也会很大，因为等到大三大四就会有很多的专业课需要学习。

二、要了解自身条件以及自己的兴趣。兴趣是最好的老师，可以在课外活动中探寻自己的兴趣，并将它转化为学业，如此才能在未来找到更适合自己的努力方向。

路凯文:
打开国际视野,做更精彩的自己

      2021 年 9 月,路凯文即将踏上出国留学的旅途。高中三年,他一直在为出国读本科准备着,一步一步按照自己的规划前行。

国际交流初体验

从高一开始，路凯文就开始制订留学申请的总体规划。除了标化成绩，他还参与了很多课外活动，用他自己的话说就是"比较喜欢折腾"。

高一下半学期，路凯文作为七名学校代表之一，前往北京参加由模拟 G20 委员会、波士顿 Giantbug 教育基金会与 Knovva Academy 联合举办的模拟 G20 峰会。在峰会中，他作为"俄罗斯农业部部长"不仅需要跟组内（同国家）的成员一起准备查阅关于俄罗斯农业的信息，还需要跟国际其他成员一起商讨、辩论、阐述观点。虽然活动只有短短的一个星期，但他觉得受益匪浅。"来参加这个活动的学生来自全球 20 多个国家和地区，有 400 多名代表。全程我都是用英语与他们沟通，难以想象，仅仅一周的时间，我的口语便有了突飞猛进的提升。"路凯文感叹道，"不仅是语言上，我觉得我的视野与格局也更加开阔了。"

这也是路凯文第一次真正意义上与外国同学沟通学术方面内容的经历。除了语言问题，在思考问题的逻辑方面，一开始路凯文有种"驴唇不对马嘴"的感觉，"就是你不懂我想说的点，我也 get 不到他们想说的点，总感觉我们之间存在某种隔阂。"他说，"挺奇怪的，可能是当时我们还不太能放开吧。"

为了能继续将合作进行下去，经过商讨，他们决定让大家把自己想表达的点列在纸上，这样就能避免很多口头表达上的误解和错误。随着时间的流逝，团队也在磨合中逐渐成熟，大家对彼此越来越熟悉，到后来口头沟通基本上没有什么障碍了，路凯文觉得自己也越来越能明白那些来自欧美教育体系国家的学生思考问题与表达背后的逻辑。在参与模拟峰会的过程中，路凯文感觉自己成长了，"我发现在这个互联网与媒体高速发展的时代背景下，我与那些国外同学的文化差异在逐渐缩小，我们之间也有很多共同的话题，比如游戏、影视，甚至是在学业方面。其实，与国外同学社交并没有那么难"。

2020—2021 跨年夜，路凯文担任学校国际部新年晚会主持人

这次模拟 G20 峰会对于路凯文来说是个终点，但同样也是个起点。虽然本次峰会已经结束，但他想把它引入自己的学校国际部之中，举办一个属于自己的模拟 G20 峰会。在一周的时间内，他联合四位同学一起起草、准备、组织属于自己的模拟 G20 峰会，从官方审批、会务统筹到前期宣传、会议举办，路凯文从一个活动参与者变身成为一个组织者。最终，他和他的同学们成功组织了一个 80 ~ 100 人规模的模拟 G20 峰会。在这个过程中，路凯文觉得收获更多，"我发现其实理论知识如果没有运用实践中去；那么根本就不算是真正的学会。如何进行团队协作，如何成为一个出色的领导者，这些都是我在未来留学过程中一定会面临的问题。而如今我有了经验，这会让我将来少走很多弯路。"目前，他已经开始筹备今年

的国际部模拟 G20 峰会，并希望这个活动能成为国际部的传统。"组织活动不仅对我个人有很大的提升，对我申请学校也是非常有帮助的。"路凯文肯定地说，"上一次活动举办之后，我得到了很多经验与教训，包括团队的运作、预算、配置等出了问题该如何解决，也做了总结与分析。在这一次的筹备工作中，相信我能做得更好。"

疫情，是挑战也是机遇

为什么打算本科就出国留学呢？对于这个问题，路凯文有自己的考量："我觉得本科留学最大的好处就是能提前适应当地文化，可以较快地融入当地社交群体。其实我们到了国外，不管是学习还是工作，最重要的就是要学会如何在陌生的环境中与当地人打交道。对于我个人来说，我觉得留学不仅仅是留学，更多的是对于自身的一种文化积累。我希望自己能在条件允许的情况下，多走走，多看看，这样才有机会找到自己所热爱的东西。"

2020 年，新冠肺炎疫情席卷全球。海外疫情一直都牵动着无数留学生以及留学生家长的心。按照计划，2021 年秋季，路凯文要出境留学。可直到如今，海外疫情都没有得到很好的控制。面对疫情，路凯文表示其实这也可能是个机遇。"我从高一开始就在为本科能出国留学做准备，如果让我现在转变道路，回到国内的高考路线，对我来说就是要放弃我三年来的全部努力，这我肯定是舍不得的。"他说，"不过疫情下的留学也是一种挑战，而这种挑战能为我们带来意想不到的机遇。"

2020 年，Knovva Academy 作为中间人，招募了一批志愿者参与由哈佛学生工会主办的志愿服务项目，目的是在国内宣传疫情防护知识，帮助整个社会攻克难关，路凯文报名参与其中。由于疫情的原因，他没能参与到线下的志愿服务活动中去，只能协助队员做好线上的宣传。"可能在外人眼里，这并不是一件特别'有功绩'的活动，"路凯文表示，"但是我也尽我所能为社会做了一些贡献，奉献了自己的爱心，没准还能帮助我向大学更好地展示自己的一种品质呢。"

参观艺术博物馆

选好方向，笃定前行

2020 年 7 月，当时还不太明确未来方向的路凯文找了一份金融方向的实习。在实习的过程中，他在客户服务部门、财务部门、监督部门轮岗，比较全面地了解了金融业务的流程，也深入了解了金融专业未来的就业方向都有哪些。当时他就下定决心，本科要申请金融专业。"我发现金融专业所学的知识非常宽广，自己未来的就业也会相对容易一些。"他说，"此外，金融专业也有利于在当地找工作，为我积累更多的海外工作经验。"

在学校的申请上，路凯文选择了同步申请加拿大和新加坡的大学。看似选择了两个完全不同体系的大学，但其实他有自己的择校逻辑："这两个国家有一个共同点，那就是他们的留学政策，包括当地的文化，相比于其他国家，更容易让留学生找到一种身份认同感，我觉得这一点很重要。"

作为一个移民国家，加拿大政府一直大力推行"多元文化主义"，使各民族文化互相共存，构成了独特的文化"马赛克"。在这种理念的推行下，加拿大当地人对于外国学生或者移民会比较包容与认同，留学生或者移民也更容易融入到当地的圈子中去。而新加坡由于华人比较多，中国留学生在这里生活时很容易就能获得文化认同感。此外，加拿大和新加坡的高校学术能力都是数一数二的，尤其是商学院，在国际上都是享有盛名的。

目前，路凯文已经收获了加拿大阿尔伯塔大学以及西安大略大学金融专业的 offer。阿尔伯塔大学始建于 1908 年，是坐落于加拿大阿尔伯塔省会埃德蒙顿的一所世界顶尖研究型大学，其商学院是北美著名的商学院之一，于 1968 年获得 AACSB（国际商学院协会）认证，曾被英国的《金融时报》评为世界 50 大商业研究机构之一。西安大略大学是位于加拿大安大略省伦敦市的一所世界著名学府，始建于 1878 年，是加拿大最古老的学校之一。该校在学术方面已经有上百年历史，并在商科、医学和文科方面取得了辉煌的成就。

如今，路凯文还在等待其他高校的消息。未来，他也会按照自己选定的道路坚定前行，因为他知道，心有目标，自然坚定不移。

关于留学的一些建议

一、一定要提前做好时间安排，尽量减少背景提升项目对于学术成绩的影响。此外，如果有机会的话，要多与外教或者外国人沟通，因为他们的思维跟国内的老师还是不一样的，评分标准也不一样，要多沟通才能知道他们语言背后的逻辑，更好地提升英语水平。

二、首先，语言成绩越早准备越好，这样才能留出更多的时间应对突发状况，比如疫情期间考试取消，这样才能以不变应万变。其次，在背景提升方面，并不是说项目完成了就是结束了，在项目结束之后要去分析自己还存在哪些方面的不足，之后如果再做同一类型的活动有哪方面可以改进。这其实就是名校所看重的学生对于领导力、组织策划能力的培养过程中的总结和反思能力，也是名校面试官所看重的"软实力"。

蒋子佳:
转专业、跨行业，在 Gap Year 里探索更好的自己

2020 年 3 月，世界卫生组织宣布新冠肺炎疫情"全球大流行"。4 月，全球学校陆续进入停课状态。也是这个时候，蒋子佳收到了杜克大学发来的录取通知。经过深思熟虑，蒋子佳向学校提交了延期入学申请。

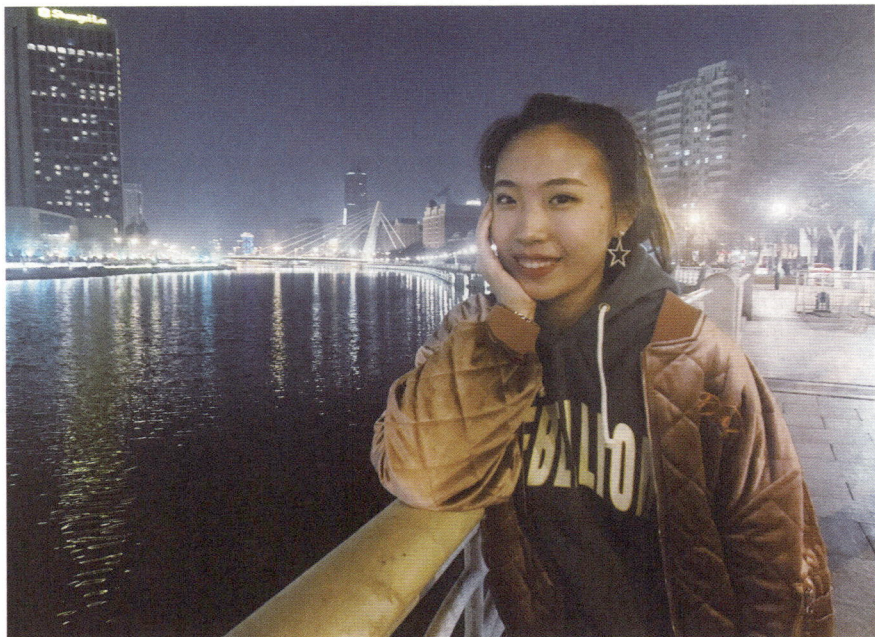

不得已的延期

可能谁也没有想到，新冠肺炎疫情最后会变成如此严重的全球性流行疾病。3月初，国外还没有显现出新冠肺炎疫情的蔓延态势，虽然蒋子佳打听到，同她一样准备2020年赴美入学的同学打算延期，但她不以为意，打算到时候戴着口罩"硬去"。

然而，形势并没有朝着她希望的方向发展。美国驻华大使馆和领事馆自5月份开始陆续关闭签证服务，众多留学生包括蒋子佳在内的F1签证预约面签被一次次取消，如期赴美入学变成奢望。

雪上加霜的是，根据美国公民和移民中心的规定，留美学生至少要拥有一年的全日制学生状态，并且F1身份在有效期之内，才可以申请CPT（Curricular Practical Training，课程实习训练）。CPT，是允许留学生在校外合法打工的一个许可。也就是说，她如果想要申请2021年暑期的专业实习，就必须在2020年9月之前到达美国。

在 Gap Year 里探索更多可能的蒋子佳

面对国外疫情的紧张局势、F1 签证无法申请的焦虑以及在美实习的不确定，她当机立断：延期一年入学。"我当初想出国念书，很大一部分原因就是想出去看看国外的教育环境，让自己独立生活。如果只是在国内上网课，我觉得没有必要。"蒋子佳说。

曲折的留学申请之路

刚进入天津大学的时候，蒋子佳就想以后要出国念书，但因为"拖延症"没有付诸行动。到了大三，面临出国和考研的问题，她"被迫"开始准备出国。然而，申请的道路并非一帆风顺，蒋子佳还有更多的困难需要跨越。

过程装备与控制工程专业，简称"过控"，光听名字就非常"工科"。这个专业并不热门，大多数学习这个专业的学生都是被调剂过来的，蒋子佳也不例外。她的首选专业是会计，其次是软件工程。然而阴差阳错，她被"过控"录取了。"当时我就傻眼了，"她说，"我高考成绩最差的就是化学，校方给我调剂到化工学院里，这让我非常无奈。"

在天津大学，过程装备与控制工程专业被划分在化工学院里面，但它涉及化学的部分并不多，反而更注重力学、材料力学、机械设计等学科的学习。蒋子佳调侃这个专业其实就是"烧锅炉的"，"因为专业课老师真的会教我们锅炉设计与制造的内容"。

虽然在这个专业学习了四年，但她并不喜欢。在生产实习课上，她到了中国石油化工集团实习，顺便参观那里的环境，了解自己今后的工作方向。那是一个特别热的夏天，在大太阳底下，所有员工不分男女都穿着工厂安全服戴着安全帽，对厂子里的设备进行监管、调控。"跟我预想中的情况很不一样。"她说，"我觉得我不太适合干这个行业。"之后，在准备研究生申请的时候，她决定转专业，申请电子与计算机工程（Electrical & Computer Engineering，ECE）方向。

转专业申请海外研究生院校从来不是一件容易的事，更何况她还有致命的短板：GPA不高和缺乏科研经历。虽然不喜欢"过控"这个专业，但在大一大二的时候，她还是努力保持着不错的成绩。然而到了大三，准备语言成绩、参与科研活动占用了她大量的时间和精力，专业课内容的逐渐艰涩也让她没有了往日的从容。最终，经过加权计算，她的GPA只有3.38，这对于名校申请来说是个"硬件"上的缺陷。

此外，缺乏相对应的科研能力，也让蒋子佳在"软实力"上有所欠缺。电子与计算机工程（ECE），是两个专业电子工程（EE）与计算机工程（CE）的结合。其中既有电路系统、纳米系统、生物计算等传统电子工程学科，也有软件工程、机器学习、大数据等偏软件方面的学科。虽说与她本科所读的专业都属于工程类专业，但ECE更偏于计算机方向。换言之，如果蒋子佳想要跨专业申请ECE，她就需要计算机方面的科研经历作为证明她实力的补充。

大三期间，蒋子佳参加了美国大学生数学建模竞赛以及中科院的通信工程科研营项目，虽然仅有两个相关项目的经历对于申请学校而言只是杯水车薪，但通过这几段经历，她对计算机产生了兴趣，也更坚定了她转专业的意愿。

收到杜克大学的录取通知书对于蒋子佳来说是个意外之喜。杜克大学在2021年US News美国高校排名中位列第12名，是一所不折不扣的名校。谈及收到录取通知那刻的心情时，她有些羞涩："当时纽约大学先给我发的offer，我都已经准备在布鲁克林找房子了，后来有邮件提示我说杜克大学的申请状态更新了，我点进去看，才发现我是被录取了，激动得差点儿睡不着觉。"

在这之前，蒋子佳收到了佐治亚理工学院的拒信。佐治亚理工学院在学校排名上虽然没有杜克大学靠前，但其计算机工程类专业在全美平均排名名列前茅。"我感觉美国这种专业很强的院校会更看重学生的专业背景，可能会更偏爱专业一点儿的学生。"蒋子佳说，"当时我还天真地以为佐治亚理工学院与我们天津大学有合作项目，它会看在我是天大学生的分上给我降低标准，然而并没有。"

不断自我提升的间隔年

近年来，Gap year（间隔年）越来越被中国学生和家长所接受。在国外，Gap year 一般常见于青少年在中学毕业之后、读大学之前空出一年的时间进行一些自己感兴趣的活动，也有很多人会选择在大学毕业之后、工作之前或者大学期间休学来开始自己的 Gap year 时光。在这一年的时间里面，大家会选择例如旅行、修读一些学术性的课程、义工服务等活动来充实自己，从而更好地帮助自己找寻到人生目标。

由于疫情，蒋子佳"被迫"Gap year。原本她想找一些实习工作来填补这一年的空缺，还能顺便学习一些计算机方面的知识。然而，有意向的互联网"大厂"们好像对她都没有什么兴趣。"其实挺尴尬的，可能因为我是转专业的吧，人家看我不是计算机专业的就直接 Pass 了。"她说，"我在智联上总会收到一些化工厂、新能源汽车厂的实习邀请，但我又不想去，觉得跟我未来所学的专业没有什么关系。"

实习的路子虽然走不通，但蒋子佳也没闲着。通过杜克大学的在线研讨会，她咨询了自己的指导老师，看有什么方式能帮助她在明年入学后快速适应课程节奏。老师推荐她上 Coursera 网站学习 Python。Coursera 是大型公开在线课程项目，提供网络公开课程。根据学长学姐们的建议，如果她今后选择在机器学习与大数据方向深造，就可以提前学习一些这方面的基础课程，以便正式入学之后轻松一些。

这是蒋子佳第一次体验全英文授课，学习的还是相对陌生的内容。"不太能跟下来，"蒋子佳说，"计算机这类学科中有很多专有名词，中文都可能不知道是什么意思，英文就更听不明白了。"在密密麻麻的上课笔记里，除了英文之外，还有很多中文标注。"我得着重标记类似括号、逗号这类的英文，不然听不懂老师在讲什么，这种东西托福、GRE 都不会考到的。

不过老师会讲得很详细。"

Coursera 是一个教育平台，它与全世界最顶尖的大学和机构合作，其中不乏斯坦福大学、杜克大学、华盛顿大学等世界名校，它所提供的课程大部分也是由这些名校的教师开设的。由于面向全社会人群，考虑到听众的水平不一，每一个知识点老师都会讲解得很细。"简直就是'手把手'的教学，"蒋子佳说，"我记得在学习编写循环程序的时候，尽管有几条代码会在三个循环程序里面反复用到，但老师仍会把这几条代码分别带入到三个循环程序中进行重复讲解，生怕听众听不懂。"

未来仍然可期

目前，美国的疫情形势仍然严峻，蒋子佳也在时刻关注着美国的形势。"我还是很想去美国读书的，这两年我为了能去美国读书做了许多努力和准备，我不想放弃。"在上 Python 课的同时，蒋子佳同时还选择了"饮食与健康""心理学"等课程，为出国留学做准备。"因为以后要独立生活，要自己做饭，我想多了解一些饮食搭配的知识，让自己吃得更健康。"她说。

前段时间，她还申请了几所英国和爱尔兰的学校，并收到了都柏林圣三一大学的 offer。都柏林有"欧洲硅谷"之称，很多高科技企业聚集于此。蒋子佳表示："即使因为客观原因去不成美国，我还是想去留学，想走出去看看这个世界。"

关于留学的一些建议

一定要早规划早准备。一旦有了留学的决定，就要立刻准备，提高自己的绩点、做科研、做项目等。不要像我这样一直拖着，最后导致没有时间再去提升自己的标化成绩，无法申请自己的梦校。